COTTA'S BIBLIOTHEK DER MODERNE

38

C. F. RAMUZ

DIE HERRSCHAFT DES BÖSEN

ERZÄHLUNG

Aus dem Französischen
von Hanno Helbling

Cotta's Bibliothek
der Moderne

Verlagsgemeinschaft Ernst Klett-Verlag –
J. G. Cotta'sche Buchhandlung

Originaltitel: »Le règne de l'esprit malin« (1914)
Lizenzausgabe mit freundlicher Genehmigung
des Verlages Huber, Frauenfeld und Stuttgart

Printed in Germany 1985
Satz: Steffen Hahn, Kornwestheim
Druck: Wilhelm Röck, Weinsberg
Einband: G. Lachenmaier, Reutlingen

CIP-Kurztitelaufnahme der Deutschen Bibliothek
Ramuz, Charles F.:
Die Herrschaft des Bösen: Erzählung / C. F. Ramuz.
Aus d. Franz. von Hanno Helbling. –
Stuttgart: Klett-Cotta, 1985.
(Cotta's Bibliothek der Moderne; 38)
Einheitssacht.: Le règne de l'esprit malin <dt.>
ISBN 3-608-95360-4
NE: GT

DIE HERRSCHAFT DES BÖSEN

ERSTES KAPITEL

I

Der Mann kam gegen sieben Uhr ins Dorf; es war noch heller Tag; denn das trug sich im Sommer zu.

Der Mann war mager, war klein; er hinkte ein wenig; er trug einen Sack aus dicker grauer Leinwand auf dem Rücken.

Aber die Frauen, die vor den Häusern zusammenstanden und schwatzten, waren gar nicht erstaunt, als sie ihn daherkommen sahen, und die Männer, die in den Scheunen oder in den Gärten zu tun hatten, hoben kaum ihre Köpfe; das mußte ja wohl ein Taglöhner sein, der da Arbeit suchte, einer von vielen, die man im Land umherziehen sieht.

Manche haben eine Sense bei sich und machen ihr Bündel am Ende des Stiels fest, andere haben sich die Stiefel um den Hals gehängt; Alte sind darunter, Junge, Große, Kleine, Mittlere, Beleibte, Unbeleibte; wer sie auch sind und woher sie auch kommen – das weiß man schon, daß sie nicht viel wert sind. Immer der gleiche, mindere Schlag von Trunkenbolden und Faulenzern; und dazu streitsüchtig, eigensinnig, verfressen; also läßt man sie ziehen, was weiter?

Einer mehr von denen, was weiter? es war sehr schön, lauter rosa Licht; es war an dem Abend, man kann das sagen, Zufriedenheit in den Herzen. Das schöne Wetter hielt an, und überdies schien es, als müsse das Jahr ein gutes Jahr werden; die Reben drunten gediehen, man hatte schon reichlich Gras gehabt, an Heu würde es auch nicht fehlen, und was den Weizen betraf, der sich eben erst zu verfärben begann, so hatte man ihn noch selten so dicht, so üppig und stark gesehen. Grund genug, sich zu freuen, nicht wahr? auch wenn man sich nicht zu sehr auf die Dinge verlassen soll; aber das

Gegenteil könnte noch schlimmer sein; wenn man ihnen zu sehr mißtraute, nähme man ihnen den Mut.

Man sah die Männer von den Feldern zurückkommen; sie traten zueinander, die Pfeife im Mund, oder sie riefen sich zu von weitem, tauschten Scherzworte aus, und um den Brunnen her brachen die Mädchen ein- übers anderemal in Gelächter aus.

Der Himmel war grünlich geworden, kleine Wolken zogen an ihm hin; hundertfünfzig, zweihundert Häuser sind das hier, sie drängen sich um eine Kirche mit viereckigem Turm, auf einer Terrasse am Berg. Sieben- oder achthundert Menschen wohnen hier, etwas hoch vielleicht, aber gut geschützt vor den Winden aus Norden und Süden durch zwei Bergketten, zwischen denen ein Tal sich hinzieht, überragt von ihnen; und dieses Dorf war eingerichtet wie alle Dörfer: ein Ammann, drei oder vier Gemeinderäte, eine Gemeindeversammlung, ein Gemeindeschreiber, zwei Läden; vor der Kirche lag ein ziemlich großer Platz, auf dem die Männer sich versammelten am Sonntag, nach der Messe.

Alle Kamine hatten zu rauchen begonnen; man weiß schon, was das bedeutet. Wenn sich oben am Berg die großen Felsen so röten und drunten im Dorf die Kamine rauchen, dann wird man auch bald zur Suppe rufen.

Auf allen Wegen kamen Leute daher, zum Dorf; die Straßen waren voll Menschen, nicht wenige Maultiere gingen vorüber; so herrscht in der Fröhlichkeit eines schönen Abends, wo selbst das trockene Holz der Gartenzäune wieder zu leben scheint, ein Kommen und Gehen; und ein Suppenduft tritt aus den offenen Türen, durch die man die Frauen sieht, wie sie am Herd in der Küche vorgebeugt stehen.

Der Mann war unterdessen ins Gasthaus getreten. Niemand war in der Gaststube; er setzte sich an der Rückwand hin. Er legte seinen Sack unter die Bank. Er stützte die Ellbogen auf, er wartete, daß jemand käme. Es kam der Wirt, der Simon. Er fragte den Mann: »Sie wünschen?«

»Geben Sie mir einen Halben Wein. Und etwas zu essen hätte ich auch gern.«

Er machte nicht viel Umstände, wie man sieht; Simon auch nicht. Simon holte Käse und Brot, brachte es auf einem Teller und dazu einen Halben Weißwein.

Eine schwere Messinglampe, die noch nicht brannte, hing an der Decke; es fing an zu dunkeln. Der Mann aß ohne Eile wie einer, der keinen großen Hunger hat, aber man muß sich doch nähren, und es ist Essenszeit. Er hustete ein wenig, er war wohl erkältet. Er bewegte langsam die Kiefer unter dem kurzen Bart, den er trug, einem Bart, der am Kinn nicht länger war als auf den Wangen und dessen Farbe man nicht recht ausmachen konnte. Es schien, als habe er graue Augen, aber sicher war das nicht, denn die Augen waren klein und lagen tief. Immerhin sah man, daß seine Nase schief stand. Und das sah man auch, daß die Haut ihm in großen Falten um Hände, Hals und Gesicht hing und weniger wie eine Haut als wie ein zusätzliches Kleid wirkte, das er unter den richtigen Kleidern trug und das er auch hätte ausziehen können, wie man den Rock auszieht.

So war allerdings etwas leise Beunruhigendes an seinem Aussehen, aber er schien davon nichts zu wissen, schien gar nicht befangen zu sein. Ganz im Gegenteil, er trat selbstsicher auf; er wirkte vollkommen ruhig. Er gehörte zu den Menschen, die sich offenbar überall heimisch fühlen, so, als hätten sie einmal für immer beschlossen: »Man soll mich nehmen, wie ich bin.« Und so trank er und aß er weiter, bis sein Teller und sein Schoppen leer waren, dann stopfte er seine Pfeife – die Nacht brach vollends herein.

Simon kam wieder in die Gaststube; er zog einen Hocker unter einem der Tische hervor. Er stieg darauf. Er rieb ein Streichholz an seiner Hose an.

Man sah, wie das Feuer langsam auf den verschmutzten Docht übergriff; die kleine Flamme brauchte einige Zeit, um ihn ganz zu erfassen.

Kongolampen heißen die, man sieht sie in allen Dörfern, der Schirm ist aus billigem weißem Porzellan, der Messingbehälter hat in der Mitte ein Loch, durch das die Luft ziehen und die Flamme anfachen kann.

»Ihr habt hier noch keine Elektrizität?«

Simon blies in das Glas, bevor er es wieder aufsetzte:

»Nein, noch nicht; und wir haben sie auch nicht nötig.«

»Das ist wahr«, sagte der Mann; »mit diesen Erfindungen macht man das Leben bloß unnötig kompliziert. Wie mit ihren Eisenbahnen«, sagte er. »Da ziehe ich meine Beine vor; und die kosten mich weniger.«

Er lachte; Simon dagegen lachte nicht mit, er war ziemlich mißtrauisch von Natur und taute nur langsam auf, vor allem bei Fremden.

Außerdem war die Tür aufgegangen, und drei Männer traten hintereinander herein. Sie schauten sich um und sahen, daß einer da war, aber sie taten, als hätten sie ihn nicht gesehen; und nachdem sie ein »Guten Abend« für Simon hingeworfen hatten, setzten sich alle drei an denselben Tisch in der gegenüberliegenden Ecke. Simon war in den Keller gestiegen, ohne daß sie bei ihm etwas hätten bestellen müssen: er kannte ihre Gewohnheiten. Und die Luft in der Gaststube hatte schon angefangen, sich bläulich zu färben, wurde dicker und dicker – und die Lampe blasser darin, ihr Licht wurde schmaler, wie ein Auge, das zugeht.

Denn es waren noch andere Männer gekommen, und aus

all den Pfeifen stieg ein schwerer Rauch, der Rauch von dem scharfen, ein wenig feuchten, grob geschnittenen Tabak, den man in den Dorfläden kaufen kann, das Paket zu zehn Rappen, und darauf ist in Schwarz das Bild eines schönen Soldaten zu sehen, im Waffenkleid und Gewehr bei Fuß.

Gespräche waren in Gang gekommen. Bald verstand man sich nicht mehr, denn die Stimmen waren lauter geworden. Man redete jetzt hin und her, man stritt sich beinahe; von Zeit zu Zeit schlug einer mit der Faust auf den Tisch, dann trat eine Pause ein, dann fing der Lärm wieder an.

Der Mann benützte eine dieser Pausen: »Entschuldigen Sie, meine Herren!«

Alle wandten sich zu ihm.

Man hatte ihn vergessen, und auf einmal war er wieder da; er saß immer noch an seinem Platz, bei dem leeren Schoppen, dem Teller. Man war überrascht. Aber das schien ihn gar nicht aus der Ruhe zu bringen:

»Entschuldigen Sie, wenn ich störe; ich möchte Sie um eine kleine Auskunft bitten.«

Man sah, er wußte, was sich gehörte. Und nicht er war befangen, sondern schon eher die anderen waren es, und sie wären es vielleicht auch geblieben, wenn Lhôte, der Hufschmied, nicht dagewesen wäre, der zum Glück seiner Sache sicherer war und leichter die Worte fand.

Er war es, der antwortete.

»Reden Sie nur, wir sehen ja dann, ob wir Ihnen die Auskunft auch geben können.«

»Danke sehr«, sagte der Mann.

Und nachdem er einen Augenblick nachgedacht hatte:

»Denn sehen Sie, das wird Sie vielleicht überraschen. Ich komme von weither, und Sie kennen mich nicht. Da ist man so lang unterwegs gewesen, daß man sich nicht einmal mehr an die Länder erinnert, durch die man gezogen ist. Und wenn ich sonst an einen Ort komme, breche ich ja auch gleich wieder auf. Aber heut abend, als ich zu Ihnen heraufstieg, da hat mich irgendetwas gepackt; ich hab mir gesagt: Wie wärs, wenn du dich ein wenig ausruhtest? Du bist nun genug gelaufen, du kommst außer Atem, du wirst langsam älter. Warum siehst du nicht zu, daß du dich einrichtest hier im Land?«

Er redete bedächtig, Wort für Wort, wie einer Münzen aufzählt und sie vor sich stapelt; danach schwieg er, und dann plötzlich:

»Sie brauchen hier nicht etwa einen Schuhmacher?«

Der Vorschlag überraschte allerdings: das merkte man schon an der Stille, mit der er aufgenommen wurde. So üblich ist das hier nicht, daß der erste beste Passant uns erklärt, er lasse sich bei uns nieder. Bei diesen Leuten kennt man weder Vater noch Mutter; man weiß nicht einmal ihren Namen. Man spuckt nach der Seite, wenn man sie kommen sieht – und sie gehen vorbei, und man hat gespuckt, weiter nichts. Aber an diesem Mann war etwas, das nicht jedermann hatte: warum nicht, dachten sie, warum schließlich nicht? Und sie schauten einander an, sie warteten, daß Lhôte reden würde.

Und auch Lhôte hätte sicher in jedem anderen Fall gesagt: »Sehn Sie zu, daß Sie weiterkommen!« Er sagte genau das Gegenteil.

»Wie sich das trifft! Wenn wir Sie drum gebeten hätten, wären Sie uns nicht gelegener gekommen. Es ist noch keine drei Tage her, daß der alte Porte gestorben ist: gestern haben wir ihn begraben. Und wir waren schön in Verlegenheit, wer ihn ersetzen sollte, denn er war Schuhmacher wie Sie, und seine Werkstatt ist zu vermieten. Nur (hier schien Lhôte zu zögern) … nur, das würde halt etwas kosten, oh! nicht viel, aber doch so um die dreihundert Franken, wegen dem Werkzeug, und eine Miete ist nicht bezahlt.«

Der Mann sagte:

»Das ist meine Sache …«

Er schwieg. Er fing wieder an (aber leiser und wie zu sich selber):

»Natürlich braucht es da Geld: daran hab ich gedacht, ich hab welches …«

Dann wieder lauter:

»Und wann könnte man sich das ansehn?«

»Morgen früh«, sagte Lhôte.

Und die anderen:

»Oh! wann Sie wollen! Der Besitzer wartet nur darauf!«

Sie redeten alle auf einmal, sie hatten ihre Scheu überwunden und auch ihr Mißtrauen:

»Es ist nämlich auch ein netter Laden«, sagte einer von ihnen, »und gut gelegen …«

»Und eine feste Kundschaft«, sagte ein anderer.

»Und wenn man hier auch nicht reich ist«, sagte ein dritter, »es wird bar bezahlt.«

»Ich danke Ihnen, meine Herren (hier berührte der Mann seine Hutkrempe), ich danke vor allem Ihnen dort, mit dem schwarzen Bart.«

Lhôte:

»Ich heiße Lhôte, ich bin Hufschmied …«

»Also dann, Herr Lhôte …«

Und hier klopfte er mit seinem Glas auf den Tisch:

»He! Herr Wirt.«

Wie hatte sich nur alles so rasch ändern können? doch allein schon an der Eile, mit der Simon kam, war abzulesen, wie der Mann bereits an Wichtigkeit gewonnen hatte.

»Drei Liter für die Herren, und von Ihrem Allerbesten!«

Das schlug ein, diese drei Liter, das hatte keiner erwartet. So überrascht war man zuerst, daß nicht einer, nicht einmal Lhôte, daran dachte, danke zu sagen; hatten sie auch richtig gehört? drei Liter! und sie waren nur acht, und was hatten sie denn geleistet? Der Mann mußte reich oder freigebig sein! Jedenfalls kamen sie nicht heraus aus dem Staunen. Und erst als Simon wieder erschien mit den bestellten drei Litern, faßten sie sich.

Der Wirt setzte die drei Liter auf den Tisch; sie sagten zur gleichen Zeit: »Oh! danke«, die einen; die anderen: »Das ist sehr nett von Ihnen!« dann redete niemand mehr. Und Lhôte mußte nochmals eingreifen, mit einem Vorschlag, dem alle zustimmten:

»Wir sind hier nicht so geschickt im Reden, aber es würde uns freuen, wenn Sie mit uns anstoßen wollten.«

Dabei wandte er sich zu den andern, und alle sagten jetzt auch:

»Ja, wirklich, kommen Sie doch, das würde uns freuen.«

Der andere sträubte sich nicht: »Die Freude ist ganz auf meiner Seite«, sagte er; und er stand auf, er setzte sich neben Lhôte. Und so saßen nun alle um den selben Tisch, etwas eng zwar, aber man spürt gern die Ellbogen des anderen in solch gehobenen Augenblicken.

Man füllte die Gläser, das Gespräch wurde allgemein. Sie waren zehn, den Wirt inbegriffen, und bald stellte die gute Wärme sich ein, die der Wein hervorbringt, wie wenn im Winter ein Sonnenstrahl auf die frostgehärtete Erde fällt. Der Mann redete jetzt von dem Dorf, er sagte ihnen, wie sehr ihm das Dorf gleich gefallen hatte; das tat ihrem Selbstgefühl wohl. So schlecht man auch davon redet, man hat im Herzen doch etwas übrig für das Stück Erde, das einem gehört. Man liebt es bis in den Haß hinein, mit dem man ihm nachhängt;

man verläßt es fast nur, wenn man muß, und um wiederzukommen, so bald man kann.

»Das ist also wahr, es gefällt Ihnen hier? Uns ist es auch recht, wenn Sie bei uns bleiben.«

Und nun stellte der Mann ihnen Fragen: wieviele Einwohner; sieben-, achthundert; welche Berufe? fast keine, wir sind lauter Bauern hier; wer war Pfarrer, wer war Ammann in der Gemeinde? und so fort, sie gaben Antwort, sie hatten zu tun; dann kamen die etwas schärferen Sachen, auf der zweiten Stufe des Weintrinkens.

Das ganze dauerte bis um zehn. Da fragte der Mann, ob Simon vielleicht für die Nacht ein Zimmer hätte. Simon sagte, er habe eines.

Er brauchte es nur noch bereitzumachen. Dazu mußte er nach oben gehen. Und als er fort war, traute Lhôte sich endlich mit der Frage hervor, die ihm schon lange auf der Zunge lag:

»Entschuldigen Sie, wenn ich indiskret bin, aber wir möchten alle gern wissen, wem wir diesen vergnügten Abend verdanken, denn es war ein Vergnügen, das brauche ich gar nicht zu sagen, ein großes Vergnügen ...«

Der Mann: »Wenn ich recht verstehe, würden Sie gern meinen Namen wissen.«

Lhôte: »Wenn es nicht indiskret ist ...«

Da sagte der Mann:

»Mein Vater hieß Branchu; den Namen merkt man sich leicht ... Branchu, so wie Cornu ...«

Ein Name, den man sich wirklich leicht merkte, obwohl es hier nirgend einen ähnlichen gab.

Man hörte, wie Simon in dem Zimmer droben umherging; er hatte seiner Frau gerufen, damit sie ihm helfe, das Bett zu machen.

II

Man hatte sich auf den nächsten Morgen verabredet; die Sache erledigte sich ohne Mühe.

Es war in einer kleinen Gasse, die von der Kirche weg in einem großen Halbkreis auf der Nordseite wieder zur Landstraße führte, die das Dorf in zwei Hälften schnitt; das Haus hatte nur ein Erdgeschoß, es war nichts als ein einfacher Steinwürfel, der nicht einmal neu war.

Lhôte begleitete den Mann, der Branchu hieß.

Sie klopften bei einem Nachbarhaus an, dort wohnte der Besitzer, ein alter Mann.

Er hustete; er schaute Branchu an, von unten herauf, und sagte:

»Ah! sind Sie das, der mieten will? Mit dem früheren Mieter hab ich solchen Ärger gehabt!«

Und er fing an zu schimpfen, über diesen früheren Mieter zu schimpfen, der Porte hieß und alles, was er einnahm, vertrank. Und das Unglück war noch dazu, daß jeder Bescheid wußte, wenn Porte besoffen nach Haus kam, solchen Lärm machte der, er stieß gewaltige Seufzer aus, führte laute Klagen: »Porte, Porte, du bist verflucht! in dir ist ein Gift, das alles zerstört, auch die Freude. Du suchst Freude im Wein, aber wenn du sie grad erst gefunden hast, spürst du, wie sie weggeht, und du bist wieder bei deinem Kummer. Ein Gift ist in dir, armer Porte. Du solltest nicht mehr trinken, du bist nicht mehr stark genug!... Mein Gott, mein Gott... Mein Gott, mein Gott!...«

So lamentierte er lange; dann fingen die Seufzer wieder an und die Schläge auf die Brust. Man konnte kein Auge mehr zutun. Zum Glück war er tot.

»Und da«, sagte der redselige Alte, »verstehen Sie, was ich

jetzt brauche, ist ein ruhiger Mieter... Und dazu hat mir Porte auch drei Monate lang den Zins nicht bezahlt... Und dann (hier warf er Branchu einen schrägen Blick zu) müßte man mir ein Jahr vorauszahlen, sonst vermiete ich lieber gar nicht mehr... das wären dann fünfhundert Franken für das Jahr und dazu die zweihundertfünfzig, die ich zugut habe; fünfhundert und zweihundertfünfzig, das macht dann siebenhundertfünfzig.«

Er redete schnell und ein wenig undeutlich. Branchu war großartig.

(Und man muß noch wissen, daß die Miete sich verdoppelt hatte, denn in Wirklichkeit hatte Porte nur fünfundzwanzig Franken im Monat bezahlt.) Er nahm seine Brieftasche, er zog acht Scheine hervor:

»Das sind achthundert Franken; bitte sehr.«

Der Alte streckte die Hand aus, zog sie zurück; man sah, die Hand zitterte.

Denn das Geld ist hier rar: wir sehen diese Papiere mit den Bildern fast nie.

Und der Alte streckte wieder die Hand aus, und er zog sie wieder zurück; aber Branchu:

»Nehmen Sie's doch. Und um zu wissen, ob ich auch ruhig bin, müssen Sie mich nur ansehn.«

Diesmal war der Alte fest entschlossen. Er ergriff die acht Banknoten, zählte sie, zählte sie wieder, zählte sie nochmals, faltete sie zusammen, steckte sie in die Tasche; und mit Überwindung:

»Dann bekämen Sie noch... Sie bekämen noch fünfzig Franken von mir...«

Branchu dagegen:

»Die können Sie behalten; sie gehören Ihnen!«

Man kann sich vorstellen, daß unter solchen Bedingungen

das Geschäft ohne Schwierigkeiten getätigt wurde. Sofort kam der Schlüssel zum Vorschein, und schon war Branchu im Haus, hinter ihm der Alte, der geschwind die Fensterläden aufstieß.

»So, da sind Sie zuhause. Ich hoffe, es gefällt Ihnen hier; es ist grad das Richtige, wie Sie sehen; und es könnte nicht besser gelegen sein für einen Beruf wie den Ihren ...«

Grad das Richtige, das war so eine Redensart. Es gab da nur einen großen Raum auf der Vorderseite und hinten hinaus einen kleinen. Und man hätte doch meinen können, Porte habe wenigstens einen Strohsack hinterlassen und Werkzeuge; aber in dem Raum war keine Spur von einem Strohsack oder von Werkzeug. Sondern da war einfach nichts, nichts als ein gräßlicher Schmutz und ein schauderhafter Geruch und dazu ein paar unnütze Dinge: eine kaputte Kiste, Flaschen, Lederabfälle, ein Hut ohne Krempe, ein Paar Hosenträger. Und Lhôte war das doch etwas peinlich, aber Branchu selber schien gar nicht enttäuscht zu sein; er sagte: »Das ist genau, was ich brauche.«

Darauf der Alte, mit Zuversicht:

»Sehr ordentlich ist es noch nicht; aber einmal tüchtig gewischt, und man merkt nichts mehr davon.«

Das war die ganze Verhandlung, und dann ging Branchu mit Lhôte eins trinken, und gleich darauf machte er sich auf die Suche nach einem Maurer. Das Putzen besorgte er selbst, nachdem er sich vom Hausmeister einen Schubkarren geliehen hatte; der Alte fühlte sich zwar verpflichtet, ihm seine Hilfe anzubieten, doch Branchu lehnte ab. Bald kam der Maurer: als erstes weißte er die Mauern innen und außen.

Dann strich er die Tür an; den Fußboden (der aus festgestampfter Erde war) überzog er mit einem Zementpflaster.

Blieben die Decken; auch die wurden angestrichen.

Doch das eigentliche Wunder kam ein paar Tage später, an einem Samstagabend, als das ganze Dorf sich einfand, um sich den Stand der Arbeiten anzusehen: Über dem Fenster war ein schönes, noch nicht trockenes Schild angebracht, wo in gelben Buchstaben auf blauem Grund geschrieben stand:

BRANCHU
Maß-Schuster

Links war als Verzierung ein Damenhalbstiefel aus rotem Leder zu sehen; rechts ein Männerstiefel aus schwarzem Leder, der sich ganz aufrecht hielt mit seinem Schaft, wie wenn ein Leisten darinsteckte.

Man bewunderte das Schild sehr, noch nie hatte man im Dorf ein so schönes gesehen. Branchu mußte es selber gemalt haben, und gewiß heimlich, denn niemand hatte ihn bei der Arbeit beobachtet. Sicher wollte er uns damit überraschen! Welch seltsamer Mann! Woher hatte er all das Geld?

Man besprach das, da erschien er gerade, vom Gasthaus her, denn er wohnte noch dort, und der Grund war, daß ihm der Schreiner die Möbel noch nicht gebracht hatte, die er ihm liefern sollte.

Die einen verzogen sich, als sie ihn kommen sahen; andere taten, als bemerkten sie ihn nicht (manche waren trotz allem noch argwöhnisch), aber einige traten doch auf ihn zu. Er gab ihnen die Hand. Und als man ihn zu dem Schild beglückwünschte, sagte er:

»Ja, ich habe da lang gezögert. Ich hätte den Grund vielleicht doch eher rot malen sollen … Die Farbe des Feuers, das ist meine Farbe.«

Und zum erstenmal lachte er.

III

Ein paar Tage später brachte der Schreiner die Möbel; am Montag danach verschwand Branchu. Niemand sah ihn fortgehen.

Er kam erst am Samstag zurück; ein Mann begleitete ihn, der Mann führte ein Maultier am Zaum.

Das Tier war in Schweiß gebadet, am Maul war es weiß von Schaum, wie wenn es ein langes Stück Weg in der Sonne zurückgelegt hätte; und Branchu half dem Mann, das Gepäck vom Saumsattel herunterzuheben, zwei dicke Säcke zuerst, dann eine flache lederne Tasche, in der Metallgegenstände sein mußten, dem Geräusch nach zu schließen.

Das alles wurde in den vorderen Raum gebracht, wo der Werktisch stand, und er, der jetzt allen unter dem Namen Branchu bekannt war, bezahlte den Mann mit dem Maultier, das machte 55 Franken 30. Darauf machte sich der Mann auf den Rückweg, aber nicht ohne im Gasthaus noch einzukehren, wo er erzählte, daß er aus Borne-Dessous war, einem Städtchen drunten im Tal; und er verschwieg auch nicht, daß sein Tier an dem Tag verschiedene Arten von Leder und alle möglichen Waren heraufgebracht hatte, wie sie ein Schuhmacher braucht, der sein Geschäft anfängt.

Und das stimmte, man sah es schon am folgenden Tag, denn da eröffnete Branchu seine Werkstatt. Häute baumelten rings an den Wänden; neues Werkzeug bedeckte den Tisch, Hämmer, Kneife und Pfrieme, ein Topf mit Pech und Schachteln voll Nägel und Bolzen.

Er selbst saß auf einem niedrigen Stuhl ohne Lehne, und obgleich es noch sehr früh am Tag war, hatte er einen kleinen, oben gerundeten Amboß vor sich befestigt und klopfte mit seinem Hammer darauf.

Das Wetter war schön an dem Tag; die Sonne, die eben aufging, thronte über dem Berg, von dem kleine, ganz runde Wolken wie auf der Flucht zum Himmel hinaufstiegen; aber man kann ja die Hand, wenn es sein muß, über die Augen halten, und außerdem ließ sich Branchu offenbar von der Sonne nicht stören: frisch angezogen, mit einem schönen, ganz neuen Schurz aus grüner Leinwand und in einem dicken gestreiften Baumwollhemd mit aufgekrempelten Ärmeln, schien er im Gegenteil ganz beglückt von dem Licht und dem prächtigen Wetter.

Das ist ein zufriedener Mensch, sagte man sich: eine Seltenheit, endlich ein Schuhmacher, wie er sein soll, sagte man sich; nicht mehr ganz jung, aber was tut das? und übrigens auch nicht sehr alt, er ist scheint's bei guter Gesundheit und schont sich nicht.

Viele Leute kamen und gingen durch die enge Gasse, sie dachten: »Das ist etwas anderes als dieses alte Ekel, der Porte!«

Nun ist dieses Gäßchen eines der meistbegangenen in dem Dorf: jeden Augenblick kommen hier Leute vorbei, Männer, Frauen und Kinder; es hatte noch nicht einmal zwölf geschlagen, als schon jedermann wußte, daß Branchu jetzt an der Arbeit war.

Immerhin ging es noch vier, fünf Tage, bis Kundschaft sich einstellte. Denn man hält es nun einmal so, daß man zusehen will und doch sicher sein möchte, was die anderen finden, bevor man sich nur auf die kleinste Bestellung einläßt. Vorsicht, nicht wahr? So hatte Branchu alle Zeit, um ein schönes Paar Halbstiefel aus Lackleder fertigzumachen, die er an einem der Fensterpfosten aufhängte.

Diese Halbstiefel taten es vielen Mädchen an; aber sie hingen immer noch an ihrem Nagel, als Lhôte eines Morgens daherkam mit einem Paar Stiefel und sagte: »Die müssen frisch besohlt werden.«

Er kam als erster, aus Höflichkeit; und er brauchte es nicht zu bereuen. Schon am Abend waren die Stiefel geflickt. Er fragte, was das koste. Zwei Franken. Das war nur halb soviel, wie man sonst zahlte: Lhôte hatte seine Zweifel, er ging schnell nachhause, um sich die Arbeit genauer anzusehen.

Er traute seinen Augen nicht: das Leder war erstklassig.

Er probierte die Stiefel an: nie hatte er sich so wohl darin gefühlt.

Das ist doch erstaunlich, nicht wahr? so wenig zu zahlen und so gut bedient zu werden; das sind Stiefel, die ich seit vier Jahren trage; sie sehen wie neue Stiefel aus, und er hat sie mir noch mit einer Wichse geschmiert, keine Ahnung, aus was die gemacht ist, aber sie glänzt, daß einem die Augen wehtun.

Für diese beste Reklame sorgt der Kunde selbst. Man sah es ja: schon am nächsten Tag kamen mehrere Leute, und bevor noch die Woche um war, hingen auch die Knöpfstiefel nicht mehr dort.

Virginie Poudret hatte sie sich besorgt (wenn man das noch besorgen nennen kann), sie hatte nicht widerstehen können, als der Sonntag herankam. Endlich war sie entschlossen. »Am besten ist es, wenn niemand etwas weiß«, dachte sie, »wegen der Freundinnen; sie haben sich nicht getraut, geschieht ihnen recht! ich trau mich jetzt halt. Er wird mich ja nicht auffressen, der Mann!«

Sie kam gegen Mittag, also zu einer Zeit, da niemand auf der Straße ist. »Was das kostet?« sagte Branchu. »Fräulein, haben Sie mich denn angesehn?«

Und er sagte:

»Man ist doch kein Jude ... Und wenn eines so hübsch ist wie Sie ...«

Und dann:

»Ich schenke sie Ihnen!«

Virginie wurde ganz rot, aber der andere hielt ihr die Stiefel hin; sie mußte sie nehmen. Ja, Branchu legte großen Wert darauf, sie ihr selber anzuprobieren, er war hingekniet, er zog ihr schon ihre Schuhe aus.

Die traurigen alten Schuhe, die aus der Form waren, rot vor Nässe und grau wie Kieselsteine, mit Schnüren statt Nesteln – wie anders kam es Virginie vor, als sie diese Knöpfstiefel an den Füßen hatte. Sie paßten ihr tadellos. Wie Branchu sagte, sie schienen nach Maß gearbeitet. Und als Virginie heimwärts ging, ihr Paket unter dem Arm, merkwürdig, da kam sie sich schon wie etwas Besseres vor in ihrem Mädchenherzen; ein Gefühl von Stolz beschlich sie.

Aber sie ließ sich bis zum Sonntag nichts merken, und sie wohnte der Zehn-Uhr-Messe mit allen anderen Mädchen bei, ohne daß man geahnt hätte, was da bevorstand. Nach der Messe versammelte man sich auf dem Platz, wo der Schatten einer sehr alten Linde (mehr als dreihundert Jahre alt soll sie sein) in dieser heißen Jahreszeit wohltut. Virginie kam heran, alle Freundinnen standen schon beisammen: sie mußte nur ihren Rock etwas raffen.

»Schaut euch das an!« sagten die einen. »Ist das möglich?« sagten die andern. »Die findet sich aber schön! ... Nur schade, daß der Kopf nicht zu den Füßen paßt!« Doch man hörte den Neid durch ihr Lachen.

Und ein paar von ihnen wurden im Ernst böse, sie zuckten die Achseln und schauten anderswohin – bei den meisten war aber die Neugier noch größer als der Neid, sie traten zu Virginie: »Was hast du bezahlt dafür ... sag? Sind das auch die, die wir miteinader angeschaut haben? ... Einen hübschen Fuß hast du darin! Sind sie dir nicht zu klein? Drücken sie dich nicht ein wenig?«

So hagelte es Fragen; und inzwischen führte Lhôte in einer andern Gruppe seine Stiefel vor: »Zwei Franken, sag ich euch, keinen Fünfer mehr!«

Man kann sich denken, daß Branchus Ruf nach kurzer Zeit fest begründet war: er hatte bald mehr Aufträge, als drei gute Arbeiter hätten bewältigen können; wie stellte er es an, um allein damit fertig zu werden?

Aber er wurde allein damit fertig, obwohl es fast nicht zu glauben war, und niemand hatte sich über ihn zu beklagen, und immerzu diese mehr als niedrigen Preise: »Natürlich«, sagte man, »er gleicht es mit der Menge aus; aber flink muß er sein!« Man war voll Bewunderung, denn es war ja bewundernswert, und vor den Händen des guten Arbeiters hat man Respekt.

Zudem verstand es Branchu, sich die Freundschaft der Leute zu erhalten: er ließ keine Woche vergehen ohne eine oder zwei Einladungen im Gasthaus. Auf fremde Kosten trinken ist keine üble Sache. Und weil man sich auf die Dauer doch hätte wundern können, wenn man nichts über ihn erfuhr, so trug er schließlich auch Sorge, allmählich, stückweise seine Geschichte zu erzählen: daß er in weiter Ferne geboren war, irgendwo im Flachland, und Vater und Mutter nicht gekannt hatte; daß böse Leute ihn aufgezogen hatten, die ihn auf einem Haufen Hobelspäne schlafen ließen; daß er es eines Tages nicht mehr ausgehalten hatte bei ihnen und in der Nacht durchgebrannt war; und damit hatte für ihn die Irrfahrt eines ganzen langen Lebens begonnen; wenn er einen Franken verdient hatte, kaufte er für den Franken kleine, leicht verkäufliche Sachen und verkaufte sie für einen Franken zwanzig; und so hatte er am Ende einen bescheidenen Betrag auf die Seite gebracht, aber der war wohlverdient und ehrlich verdient, denn man verbraucht sich schrecklich, wenn man so auf den Straßen umherzieht; »und meine Füße sind mit der Zeit einen guten Zentimeter kleiner geworden, wie wenn man sie mit Glaspapier abgerieben hätte!«

Kein Wunder, daß er irgendwann genug davon hatte, andauernd den Ort zu wechseln. Aber: »So bin ich jetzt sehr zufrieden, weil ich bei Freunden bin.«

»Das ist wahr!«

Und als ein paar von ihnen noch fragten: »Aber Ihr Schusterhandwerk, wo haben Sie das gelernt?«, sagte er: »Ah, ganz richtig, das vergaß ich zu sagen; in Deutschland.«

»In Deutschland!«

IV

Nur ein einziger Mann war im Dorf, der immer noch sagte: »Nehmt euch in acht.« Und er wandte den Kopf ab, wenn er an Branchus Laden vorbeiging.

Luc hieß der Mann; und man sagte von ihm, er sei nicht mehr richtig im Kopf. Er hatte studiert, um Priester zu werden, dann um Notar zu werden, aber offenbar war er nie einem Beruf nachgegangen; und er lebte bei einer Schwester, die ihn aufgenommen hatte, sonst wäre er Hungers gestorben.

Er verbrachte seine Tage damit, in dicken Büchern zu lesen, oder er spazierte im Dorf herum und blieb vor den Häusern stehen, um die Leute »zur Achtung der Gebote« zu mahnen; sein voller, struppiger Bart kam unter einer zerplatzten Melone hervor, die er bis über die Ohren zog; er trug eine Art Gehrock, der lang und ausgefranst war; die Buben warfen ihm Steine nach.

Dann sah man ihn stehenbleiben, er drehte sich um und drohte ihnen mit der Faust.

Er war ein Mensch, wie man viele sieht: sie haben sich nicht zurechtgefunden im Leben und sind in ein Phantasiereich geflüchtet, aus dem sie mit dunklen Worten und wirren Gebärden auf uns herabkommen. Aber sie schrecken niemanden auf. Sie erregen nicht einmal mehr Verwunderung, mit der Zeit. Man kann über sie nur lachen.

Als darum Luc über Branchu herzog, hoben die Leute die Schultern, und man riet ihm, woanders zu schreien.

Er schrie deswegen nur lauter.

Nun gab es im Dorf einen zweiten Schuster, einen gewissen Jacques Musy, der ein armer Kerl war, fortwährend krank, traurig, mit hohlen Wangen, sehr mager, ganz eingefallen, und oft war sein Laden tagelang zu, weil er nicht arbeiten konnte. Das führte natürlich dazu, daß er einen häufig auf seine Arbeit warten ließ, und wenn er bisher noch welche gehabt hatte, kam das vom Mitleid der Leute. Nur, das Mitleid der Leute ist ein Sonntagsgefühl; es ist wie die schönen Kleider, die man nicht jeden Tag anzieht. Als bekannt wurde, daß Branchu so gut und so billig arbeitete, ließ man Jacques Musy im Stich. Er konnte lang in der Werkstatt bleiben und nicht einmal von seinem Schemel aufstehen, er sah ja schon, was ihm drohte: niemand kam mehr herein. Er schaute hinaus, er sah auf dem Platz die kleinen Mädchen, wie sie Himmel und Hölle spielten, mit dem Fuß einen flachen Stein in Vierecke stießen, die mit einem Stock in den Boden geritzt waren; eine Stunde schlug, eine andere Stunde; nicht ein einziges Paar Schuhe stand mehr auf dem Brettt, auf dem er sie früher aufgereiht hatte. Er war geduldig, er wartete zwei Wochen, drei Wochen; man fragte sich, wovon er wohl lebte. An einem Morgen blieb der Laden geschlossen. Sicher war er krank, aber niemand sorgte sich um ihn. Zwei, drei Tage vergingen noch. Und nur durch Zufall fand eine Nachbarin ihn erhängt hinter seiner Tür, am vierten Tag, glaube ich, und da roch er schon, und er war ganz schwarz im Gesicht.

Man läutete die Glocken nicht für ihn; man begrub ihn wie ein Tier in einem Winkel. Und schon hätte man ihn vergessen und hätte bald auch den Verfall vergessen, denn Erhängte sieht man hier mehr als genug, wenn nicht Luc die Gelegenheit ausgenützt und noch lauter, noch bestimmter geredet hätte:

»Da seht ihr!«

Man sagte zu ihm:

»Was sehen wir?«

»Ob ich recht hatte, als ich euch sagte: Nehmt euch in acht. Jetzt ist Jacques Musy tot.«

»Jacques Musy, was hat das zu sagen? Das Glück der einen ist das Unglück der andern. Das hat man immer gesehn, wird es immer sehen.«

So gibt es eine Art, sich ins Leben zu schicken, die vielleicht Weisheit ist; Luc schrie darum doch weiter und lief kopfschüttelnd durch die Gegend.

ZWEITES KAPITEL

I

Die Zeichen stellten sich tatsächlich erst viel später ein; da hatte Branchu schon seit drei, vier Monaten seinen Platz im Dorf.

Es war Oktober geworden; an einem Morgen, als Baptiste, der Jäger, auf einen Hasen schoß, explodierte ihm das Gewehr in den Händen.

Man setzte ihn vor seinem Haus auf einen Haufen Reisigbündel; die Frauen holten einen Zuber herbei, das Wasser war im Augenblick rot. Und er, so robust er war, bekam einen schalen Geschmack im Mund, als er sein Blut fließen sah. »Mein Gott«, sagten die Frauen, »jetzt wird ihm übel!« Inzwischen hörte die Pumpe seines Herzens nicht auf, einen feinen Strahl aus dem Körper zu treiben, und den brachte man erst zum Halten, als man eine gute Schicht Spinnweben beschafft und sie Baptiste aufgelegt hatte.

Drei Tage später fiel ein gewisser Mudry, der Vetter von Baptiste, über eine hundert Meter hohe Felswand hinunter und schlug sich den Kopf entzwei.

Die kleine Louise, die Tochter des Glöckners, bekam die Bräune. Zwei Kühe gingen ein, im selben Stall, in der selben Nacht. Eine ganz neue Scheune brannte ab.

Aber das alles waren erst äußere Vorkommnisse; es kann sogenannte Fügungen geben, ein Sprichwort sagt ja auch, daß ein Unglück selten allein kommt. Bedenklicher war, was im Innern der Leute geschah, denn sie wurden rasch anders in ihrem Wesen, und nicht grade so, wie es gut gewesen wäre für sie.

Zum Beispiel war da der Trente-et-Quarante, der ein Kind

hatte von einer Frau, nicht der eigenen. Weil ihn der Kleine viel kostete und er die Frau nicht mehr liebte, ging er an einem Abend hin, als das Kind schon schlief und die Frau noch Wasser holte am Brunnen, er steckte den Kleinen in einen Sack, den er oben zuschnürte, ließ sich gerade den Hang hinab bis zur Ebene und warf ihn in den Bach, der dort fließt. Er hatte einen dicken Stein an dem Bündel befestigt. Er sah das Bündel sinken, er sah zu, wie es sank; und er war von Grund auf zufrieden.

Da war auch dieser Kampf, den die Burschen hatten in einer Nacht am Ende der Weinlese, als sie miteinander heraufkamen, heim ins Dorf, und sie hatten sicher ein wenig getrunken, und sicher ist der neue Wein tückisch, aber nur am Wein kann es doch nicht gelegen haben.

Nach dem, was man später erzählte, hatte der Streit wegen einem Mädchen begonnen, von dem einer behauptete, er habe sie geküßt, und das stimmte gar nicht; warum behauptete er es dann aber?

Man kann einen schon necken, man muß aber aufhören können, wenn man sieht, daß der Spaß eine schlimme Wendung nimmt; genau das tat der Bernard nicht.

Und der andere, der Jean, der wirklich mit dem Mädchen ging, konnte sich nicht mehr halten: »Sei still! sonst…«

»Sonst?…« fragte Bernard.

Sie waren etwa fünfzehn, es war tiefe Nacht; das spielte sich ganz oben auf dem letzten Stück des steilen Wegs ab, mit dem man die Schleifen der Straße abschneidet, also wenige Schritte vom Dorf; die beiden Stimmen durchbrachen auf einmal die Stille.

Sie stürzten sich aufeinander. Und die anderen, die dabei waren, versuchten sie nicht zu trennen, wie man das sonst immer tut, sondern sie spalteten sich in zwei feindliche Lager und feuerten sie abwechselnd an: »Drauf, Bernard!« »Drauf, Jean!« Dabei brauchte man sie gar nicht anzufeuern, denn eine gleiche verzehrende Wut war beiden ins Mark gefahren.

Dreimal standen sie wieder auf, dreimal fielen sie wieder hin; ein schmaler Mond trat hinter den Wolken hervor. Mond, du bist Zeuge: es ist der Abend, an dem man draußen unterwegs ist, und es ist Weinlesezeit, und man hat viel getrunken; doch das erklärt nicht, warum sich die beiden Burschen so festhalten, einer liegt auf dem andern, und der obere schlägt mit all seiner Kraft dem unteren ins Gesicht. Und jetzt, begreift man's jetzt eher? die beiden verprügeln sich nicht mehr allein, sondern alle, die da sind, haben einander gepackt. Die Fenster gingen auf. Die Männer kamen mit Laternen aus den Häusern, sie sagten: »Was ist denn los?« und dann, vom Mondlicht geleitet: »Mein Gott! dort unten!« und die Frauen: »Mein Gott! Mein Gott!« und die Frauen kamen heraus, dazu noch Kinder im Hemd, obgleich die Nacht kalt war und die Bise wehte.

Die Mutigsten aus dem Dorf kamen näher, einige waren mit Stöcken bewaffnet; aber sie versuchten umsonst einzugreifen, man mußte abwarten, daß der Kampf von selber aufhörte, weil es keine Kämpfer mehr gab.

Vier von den Burschen blieben auf der Landstraße liegen. Am folgenden Morgen war das Blut noch nicht trocken, das schließlich zu Pfützen zusammengeflossen war; lange Zeit klebte noch eine braune Kruste auf dem Fahrweg, die im Wind dann allmählich abblätterte und zerstob.

Jean lag sechs Wochen im Bett. Und auch da fiel auf, daß gerade er, der doch eigentlich im Recht war, alles abgekriegt hatte und Bernard nichts. Sein Kiefer war gebrochen, seine Stirn aufgeschlagen, ein Fuß war verstaucht, er hatte Wunden am ganzen Körper und bekam starkes Fieber, man mußte bei ihm wachen; der Arzt, den man kommen ließ, sprach zuerst von einem Schädelbruch, man glaubte eine Zeitlang, er werde es nicht überstehen; und inzwischen stolzierte Bernard im Dorf herum, er sagte: »Der kennt mich jetzt, von mir läßt er die Hände.« Er lachte, er spielte sich auf. Und es kam, was kommen mußte: er machte Jean sein Mädchen abspenstig, dabei lag ihm gar nichts an ihr, aber sie kam eines Tages und legte ihm den Arm um den Hals und sagte: »Ich mag dich, weil du der Stärkere bist.«

Von Gerechtigkeit war da nichts zu merken, aber die schien überhaupt außer Landes gegangen zu sein. Das sah man auch bei dem Clinche, der doch sonst ein verständiger, gutartiger Mann war, und seine Frau eine tüchtige Frau, und die Kinder waren liebe, folgsame Kinder; aber auf einmal war Clinche wie ausgewechselt; und jedesmal, wenn er heimkam, erging er sich in Schimpfreden gegen seine Frau und in grundlosen Vorwürfen.

Bald war die Suppe zu heiß oder zu kalt; bald entdeckte er einen Geruch in der Küche, und der Geruch brachte ihn zum Husten; bald war der Haushalt nicht in Ordnung, oder wenn er es war, so hielt Clinche seiner Frau vor, sie vertrödle die Zeit; er suchte auf alle Weise nach dem Anlaß zu einem Streit; ach! man sieht die Schläge schon kommen.

Sie kamen. Denn am Anfang widersprach seine Frau ihm nicht. Fügsam von Natur und ans Folgen gewöhnt, war sie nur verwundert, daß ihr Mann sich so sehr verändert hatte; aber man weiß ja, daß sich die Männer verändern; und sie faßte sich in Geduld.

Doch als Clinche seine schlechte Laune nicht wieder ablegte, sondern im Gegenteil immer noch anspruchsvoller und rücksichtsloser auftrat, hielt sie es einmal nicht mehr aus und sagte zu ihm:

»Oh! Jean, wie kannst du nur alles vergessen? Weißt du denn nicht mehr, wie du mir schön getan hast, da tönte es weniger hart, gar nicht sanft genug konnte es tönen, und ich hab dir nein gesagt, aber du tatest mir leid, wenn du kamst in der Nacht und unter dem Fenster weintest ... Und jetzt willst du nichts mehr wissen von mir ...«

Er gab zurück:

»Laß mich in Ruh! Sieh, wie du deine Zeit vertust. Nimm dort den Besen, sag ich dir, aber schneller, sonst ...«

Er hob die Hand gegen sie. Die Kinder begannen zu weinen.

Die Hölle geht los in dem Haus, man hört, wie der kleine Henri zum Vater sagt: »Papa, bitte, Papa, Papa, hau mich nicht!« und er rutscht auf den Knien durch die Küche, aber der andere sieht nicht und hört nicht, er schlägt auf den kleinen Henri ein, wie er auf seine Frau eingeschlagen hat, und das ganze Dorf weiß es, weil man die Schreie hört, bis ein Windstoß hindurchfährt und alles davonträgt. Aber der Wind legt sich wieder, da kommt von neuem die schwache Stimme hervor aus dem Schatten und aus der Stille; sie vergeht allmählich in einer langen Klage, wie der Wind selbst, wenn er durch ein Mauerloch fährt.

II

Lude ging an jenem Abend aus dem Haus, ohne zu wissen warum und wohin, aber er brauchte Bewegung. Als seine Frau ihn fragte, ob er bald zurückkomme, gab er zur Antwort: »Kümmere dich um deine eigenen Sachen!«

Das überraschte sie, denn ihr Mann war sonst gut zu ihr, doch seit einiger Zeit war auch in diesem Haus alles verändert.

Was trieb ihn nur, diesen Lude? Er wußte es selber nicht recht; das ist wie ein übergroßes Gewicht in einem drin, das man loswerden möchte: er ging los, gradeaus, wie ein Tier, das zu schwer beladen ist und nun hofft, es könne die Last so abwerfen.

Seit dem Vortag war der Himmel bedeckt. Da wechselt nur einfach der Wind seine Richtung, aber das langt schon, damit draußen die Dinge ein ganz anderes Aussehen annehmen. Dort, wo zuvor das schöne gelbe Gold der Blätter leuchtete, streckten die Bäume die nackten Arme aus; die Wiesen, bis auf die Wurzeln abgegrast, hatten ihren Glanz eingebüßt; ein niedriger Himmel lastete auf den Bergkämmen; das Leben wurde zur schweren Mühe, für die Dinge, für einen selbst. So erging es Jean Lude. Und das war's, was ihn umtrieb, denn im Weitergehen dachte er: »Wie hab ich nur dieses Hundeleben so lange aushalten können!«

Dabei hatte er bisher überhaupt nie gelitten; kaum einem war es besser gegangen als ihm; man nannte ihn in der Gemeinde als Beispiel für einen guten Ehemann.

Er war groß und schmal, ziemlich mager; er hatte einen langen Hals, einen vorstehenden Adamsapfel; er hatte einen sanften Blick. Viel guter Wille stand ihm ins Gesicht geschrieben, wie man es bei Menschen sieht, die mit dem Leben einverstanden sind.

Aber da war er nun nicht mehr einverstanden. Er schluckte seinen Speichel hinunter. Dabei stieg der Adamsapfel in die Höhe. Sein Mund war ein wenig trocken wie bei einem, der krank wird.

Er kam auf eine kleine Bergterrasse, wo der Weg sich teilte.

Wegen des Nebels konnte er das Dorf nicht mehr sehen, das hinter ihm lag. Eine Nebeldecke war darüber geworfen, eine Decke, unter der alles verschwand außer dem Kirchturm, der durch einen Riß hervorragte. Aber die Luft weiter unten bewirkte bisweilen, daß die Decke in Bewegung geriet, über ihre Oberfläche ging es wie eine Welle auf dem See, und ein Stück von ihr löste sich ab, stieg langsam herauf.

Es sah aus, wie wenn Rauchwolken aus einer Pfeife aufsteigen, wie wenn ein alter Mann vor einer Mauer sitzt und raucht. Eine dieser Rauchwolken glitt über Lude hinweg, schon kam eine zweite; sie vermehrten sich rasch.

Man weiß schon, wie Nebel aufsteigt: er wenigstens wußte es schon; und da es nun dunkler wurde, überkam ihn auch noch ein schauerliches Gefühl von Einsamkeit, er war abgeschnitten von den anderen Menschen, nur noch er selber und allein mit sich selber, im Einnachten und vor den beiden Wegen.

Der eine ging weiter bergan; der andere führte gradaus, längs dem Berghang. Lude schien noch zu zögern, einen Augenblick lang, dann nahm er den Weg, der gradaus führte.

Wohin er so unterwegs war, das wußte er immer noch nicht. Er brauchte eben einfach Bewegung; und als er stehengeblieben war, hatte er diesen Halt gebraucht; und jetzt lief er wieder, weil er das Laufen brauchte. Auf diese Weise kam er bis zu einem Ort, der Prézimes heißt. Und in ihm gingen immer diese selben Gedanken rundum: »Vierzehn Stunden Arbeit im Sommer, sechs Stunden Schlaf, nichts als Suppe, ein einziges Zimmer für uns drei, ist das recht? Andere haben alles, was sie wollen, wir haben nichts. Wenn andere ein neues Kleid brauchen, müssen sie nur ihren Geldbeutel aufmachen; wir müssen unser ganzes Leben lang die alten Kleider behalten, und noch länger, denn man läßt sie uns noch im Sarg!«

»Herrgott nochmal!« und er hob die Faust.

Er hatte wieder haltgemacht, und da stand er, als hätte es so sein müssen, grade vor einem seiner Felder, das oben der Weg begrenzte und das unter ihm absank, wie auf den Hang genäht.

Auf dem Feld war kein Baum, auch kein Strauch, keine Rinne, nichts was als Anhaltspunkt hätte dienen können, außer drei oder vier spitzen Steinen, die den bebauten Boden in ungefähr gleiche Rechtecke teilten.

Er schaute auf diese Steine mit einem starren Blick, der nur Schein war, denn der wirkliche Blick ging nach innen; dann blitzte auf einmal dieser Gedanke in ihm auf: »Ich müßte doch nur die Grenzsteine ein wenig versetzen, dann wäre das Elend vorüber.«

Fünf oder sechs Quadratfuß machen noch nicht viel aus, aber das wäre ein Anfang; daran klammerte er sich schon fest: nicht mehr arm sein, und was liegt an dem Mittel!

Man hat sich zu dumm angestellt, man muß zeigen, daß man gescheit geworden ist. Er sah sich noch einmal um. Er ging hinunter, ins Feld hinein, er packte mit beiden Händen den ersten Grenzstein …

Ein Rabe krächzte. In der Ferne hörte man die Achse eines Karrens quietschen.

Es war Nacht, als er nachhause kam. Seine Frau war dabei, die Suppe zu kochen. Er küßte sie.

Er schien wieder ganz der frühere Jean Lude zu sein, und als das Kind hereinkam und ihm einen Guten Abend wünschte, sagte er:

»Komm her, Marie!« und setzte sie auf seine Knie.

Er sagte: »Hat man seinen Vater auch lieb?«

Sie sagte: »Oh! ja.«

Es war warm in der Küche, und es ist einem wohl in seinem vier Wänden, wenn der Wind bläst und draußen die Nacht ist. Da sitzen wir unter den Würsten, die an Stangen im breiten Kamin hangen, und Speckseiten daneben, denn man hat grade ein Schwein geschlachtet; und wir sagen zu uns: »Zu essen ist da.« Wir sagen zu uns: »Ich habe mein Haus, meine Frau, mein Kind«, und es wird uns warm um das Herz. Das Herz ist gepolstert wie der Vogel, der sich bei schlechtem Wetter ins Nest duckt; mehr braucht's nicht.

Die Suppe wurde gebracht, sie hatte ihm schon lange nicht mehr so gut geschmeckt. Adèle brachte die Kleine ins Bett.

Sie kam wieder, sie mußte sich neben ihn setzen. Auch ihr war jetzt warm, und sie war voller Freude; in ihren Augen glänzte ein sanftes Licht.

»Ah! du schüchternes Persönchen«, sagte er; »nun komm, laß dich küssen, am Hals, dort wo du's gern hast; was gibt's denn, du, nach zwölf Jahren Ehe!«

Dann, von neuem:

»Komm doch, so komm schon.«

Sie mußte nur ein wenig näher heranrücken. Eine große Stille entstand.

Auf einmal:

»Du, hör, was würdest du sagen, wenn wir reich würden?«

Sie richtete sich auf, mit einem Ruck.

»Nun?«

»Ich versteh nicht.«

»Was? du verstehst nicht? Also, ich frage dich, ob's dir recht wäre, wenn wir reich würden, denn das kann gut sein ... Ja«, sagte er (und er schlug mit der Faust auf den Tisch), »es wäre sogar nichts als recht!«

Er fing wieder an:

»Wir sind lang genug arm gewesen; jetzt sind wir dran.«

Wieder kam ihr die Angst.

III

Zu jener selben Zeit bekam viele Frauen die Fallsucht.

Sie gingen die Straße entlang, man sah sie auf einmal stehenbleiben; dann fielen sie hintenüber, eine Art Schaum trat in ihre Mundwinkel, und die Augen zeigten das Weiße.

Und jedermann mußte sehen, daß noch nie soviel Krankheit aufs Mal über das Dorf gekommen war; doch wenn die Leute den Gründen nachforschten, so teilten sich ihre Meinungen; die einen gaben der Luft die Schuld, die andern dem Brunnenwasser, wieder andere dem Wechsel der Jahreszeit; manche versicherten, es sei bloß eine Grippewelle.

Nur Luc hatte seine eigene Erklärung, und noch immer die gleiche:

»Er hat das Gesicht der Falschheit«, sagte er wieder und wieder; »seine Handbewegungen sind Gebärden der Lüge.«

Und er lief weiter im Dorf herum, er versuchte die Leute mit seinem Geschrei aufzuhetzen. Das schien aber dem neuen Schuhmacher gar nichts anzuhaben, im Gegenteil; seine Werkstatt leerte sich nicht mehr. Man ging gern hin, um ihm Gesellschaft zu leisten, denn er konnte auch zuhören; immer saßen fünf oder sechs Leute bei ihm in der Werkstatt. Und er klopfte indessen sein Leder, er zog an seinem Pechdraht, er sah nicht aus, als ob die Gerüchte, die über ihn umgehen mochten, ihn irgend unruhig machten; er hatte seinen lebhaften Blick, seine nicht weniger lebhafte Zunge; seine kleinen grauen Augen glänzten, und mit den Händen war er geschickter und flinker als je, man kann sich nicht vorstellen, wieviel Arbeit er in ein paar Stunden hinter sich brachte.

Er unterhielt einen so gut, man vergaß dabei, daß er da war.

Und auf einmal ließ sich dann von fern Lucs Stimme hören; sie wurde allmählich lauter; und die gleichen Worte kehrten immer wieder: »Verblendung, Fluch, Unglück«, und all das; man wurde aus seinen Träumen gerissen; manche wurden ungeduldig, sie sagten: »Er geht uns auf die Nerven, der Alte.« Nur Branchu blieb unberührt. Sein kleiner Hammer mit dem runden Ende ging weiter in die Höhe.

»Nun kommt«, sagte er, »was macht euch das aus? Und was geht's euch an?«

Er fuhr mit dem Finger zur Stirn.

»Ein armer Kerl, weiter nichts.«

»Schon«, sagte man, »wir machen uns nichts daraus, aber Sie!...«

»Oh! ich...« Branchu zuckte die Achseln. Und er war schon wieder bei seiner Arbeit, doch in dem Augenblick erschien Luc; man konnte ihm wirklich nicht Feigheit vorwerfen; daß er allein war und die anderen sieben, acht, das schreckte ihn gar nicht ab; und er stellte sich vor die Werkstatt, seine Bartstoppeln sträubten sich, und seine Augen warfen Funken, wie wenn einer den Feuerstein anschlägt:

»Schämt ihr euch nicht, ihr da? Denn die andern sind taub und blind, aber ihr *wollt* nicht sehen und hören... Verräter, sage ich euch, Memmen, die ihr seid, Schmiede eures eigenen Verderbens!...«

Und seine Stimme wurde immer noch lauter, aber er wurde unterbrochen; jemand hatte ein Fenster aufgemacht, und ein riesiger Stein fiel in den Straßengraben; Luc verschwand unter dem aufspritzenden Kot; da brach alles in Lachen aus, auch Branchu, aber wie gegen seinen Willen...

Als Lhôte ein paar Tage später, am Vormittag gegen elf Uhr, nachhause kam, sah er Leute vor seiner Tür. Eine kleine Treppe führte dort zu einem Vorplatz, und auf diesem Vorplatz standen Frauen, die redeten und gestikulierten. Sie verstummten. Lhôte kam immer näher.

Und eine der Frauen lief ihm entgegen: »Lhôte, Lhôte, geh nicht hinein (sie stellte sich ihm in den Weg), geh nicht hinein, es ist zu traurig ... Laß, wir können sie allein pflegen ... Du wartest, bis es ihr besser geht, denn sonst ... sonst ...«

Er riß sich los, er rannte die Treppe hinauf zur Tür.

Er fand seine Mutter auf ihrem Bett.

Sie rührte sich nicht mehr; aber tot war sie nicht, das sah man an ihren Augen, die noch einen Blick hatten: ja, sie sah und hörte gewiß alles, sie konnte nur keine Bewegung mehr machen; die Seele war eingemauert, im Körper lebendig begraben.

Er kniete hin: »Mama!« rief er, »Mama! (wie die ganz Kleinen, so alt er war) Mama, hörst du nicht? Ich bin's.«

Dabei beugte er sich über sie, aber sie blieb unbeweglich, nicht einmal ihre Augen drehten sich zu ihm hin; sie war wie die Statuen, die in den Kirchen auf Steinplatten liegen, aber mit einem Herzen, und wie weh mußte es diesem Herzen tun (wenn sie hören konnte, daß ihr Sohn sie rief)!

Die Frauen stießen sich an mit den Ellbogen, sie sagten ganz leise zueinander: »Da kann niemand etwas tun, das ist die große Lähmung!«

Man sieht solche Lähmungen oft; das ist sogar eine der häufigsten Krankheiten bei den Alten, bei denen, die durch und durch aufgebraucht sind; da reißen die Fäden, auf die es ankommt; und man weiß auch schon, daß es den Ärzten niemals gelingt, diese Krankheiten zu kurieren, denn wo die herkommen, das ist zu weit und zu hoch für uns.

Als darum Lhôte davon sprach, den Doktor zu holen, schüttelten die Frauen den Kopf.

»Mein armer Lhôte, was denkst du? Der Doktor kann gar nichts tun, und dich kostet das sofort zwanzig Franken!«

Er sah wohl, daß sie Recht hatten; er bestand nicht darauf. Er rückte einen Hocker ans Bett heran; er setzte sich hin, mit gekreuzten Armen.

Und die Frau auf dem Bett blieb ohne Bewegung, mit ihrem alten hölzernen Gesicht, den langgezogenen, schmalen Lippen, der großen gebogenen Nase, den hohlen Augen; ihr Kopf mit der weißen Haube lag auf einem Kissen mit gewürfeltem Überzug. Sie atmete kaum mehr, so ungewiß war die Bewegung geworden, mit der dann und wann ihre Brust sich hob; und das Herz, schlug es noch? schlägt es noch lang?

Die Leute kamen herein, sie gingen hinaus, manche sagten etwas, andere redeten nicht; ob sie sprachen oder nicht, was machte das aus? Lhôte rührte sich nicht. Eine lange Zeit verstrich, man spürte schon, daß der Abend kam. Die schweren Holzschuhe klapperten weiter über den Vorplatz, die Tür ging wieder und wieder auf, Schneeflocken fielen, es wurde grau, ein Geruch von nassem Stoff lastete unter der niedrigen Decke.

Dann aber, mit einemmal, schlug es vier Uhr; und als die Tür wieder aufging, sah man Branchu herankommen.

Niemand wunderte sich darüber, man wußte, daß er mit Lhôte befreundet war; man trat zur Seite, um ihn hindurchzulassen.

Er trat bis ans Bett, wo die Alte lag und Lhôte bei ihr saß; er legte die Hand auf Lhôtes Schulter. Lhôte hob den Kopf, er schaute ihn an mit seinen getrübten Augen, er schien nicht zu begreifen, was man wollte von ihm.

»Lhôte«, sagte Branchu, »kennst du mich nicht?«

Lhôte nickte zum Zeichen, daß er ihn erkannte, dann ließ er den Kopf wieder sinken.

Da sah man, wie Branchu sich zu der Alten wandte; er nahm ihre arme, graue Hand, er hob die Hand auf und hielt sie eine Weile in der seinen.

Und einen Augenblick schien er noch nachzudenken, schwieg er noch still; als er von neuem die Stimme erhob, erkannte man sie kaum wieder.

«Lhôte, was würdest du sagen, wenn ich sie heilte?«

Lhôte sagte immer noch nichts, doch seine Augen wichen jetzt nicht mehr von denen Branchus.

So sah man nun Branchu noch näher herantreten; er breitete die Arme aus, seine Hände öffneten sich, er hielt sie geöffnet; langsam senkte er sie. Er legte sie flach auf die Brust der Alten. Dann ließ er sie wandern, rechts und links, anfangs ohne zu drücken, dann mit immer stärkerem Druck; sie glitten abwärts und aufwärts, sie suchten das Herz; sie kamen zum Hals, zu den Wangen, zur Stirn; auf einmal hörte man einen tiefen Seufzer.

»Da«, sagte Branchu, »so einfach ist das.«

Und darauf lachte er, lachte zum zweitenmal (das erstemal hatte er wegen des Schilds gelacht, als er sagte, er hätte es rot malen sollen).

Alle drängten gleichzeitig herzu, und inmitten des Kreises, der sich so bildete, nahm die alte Marguerite rasch eine andere Farbe an. Ihre Augen, die bis jetzt starr gewesen waren, bewegten sich unter den Lidern; ihre Hände suchten sich auf ihrem Rock; man sah, sie bewegte die Lippen, wie wenn einer reden will; dann auf einmal: »Wo bin ich?« und sie versuchte sich aufzurichten.

»Ist das möglich?« sagten die Leute, »aber die ist ja auferstanden«, und sie drängten sich um sie. »Lhôte! hörst du nicht? sie hat geredet!« Einzig Lhôte schien nichts gehört zu haben. Die Leute kamen, sie halfen ihm aufstehen, führten ihn an das Bett; und Lhôte schaute seine Mutter an, und seine Mutter ihn; dann kam über den alten, zahnlosen Mund ein Lächeln, das zuerst über den Lippen schwebte wie ein Schmetterling, bevor er sich niederläßt; dann streckte sie die Arme nach dem Sohn aus.

Und er schien bis jetzt nichts begriffen zu haben; bei diesem Zeichen begriff er.

Denn es gab keinen Zweifel mehr, sie war geheilt. Sie hatte ihren großen Sohn um den Hals gefaßt, sie sagte: »Bist du's! bist du's wirklich?« Und die Frauen, die sie umringten, redeten schon, sie hatten es eilig, ihr zu berichten, was ihr zugestoßen war, denn die Alte wußte ja noch nichts: »Ihr wart gestürzt, wir sind gekommen, haben Euch aufgehoben, Ihr wart wie tot, da ist zum Glück Branchu ...«

Und er, nicht wahr, er brauchte nur ... doch sie kamen nicht weiter, denn Lhôte war aufgestanden, er hob die Hand:

»Ich weiß, wer er ist, er ist Jesus!«

Indessen gab es Lärm vor dem Haus. Ein Stoß traf die Tür; sie gab nach, sie schlug gegen die Wand. Wo bringt man all diese Leute unter? unmöglich, sie einzulassen. Sie kamen trotzdem herein, die Neugier war stärker, und man drängte und stieß sich rings um die alte Marguerite, man sagte zu ihr: »Ist das wahr?« und sie sagte: »Ihr seht!«

Sie schien ganz zufrieden; sie sah sogar jünger aus, die Haut frischer, die Augen lebhafter. Man hatte Kaffee für sie gekocht, sie trank ihn, auf einem alten Strohsessel, auf den man sie gesetzt hatte: und um sie her erzählten die Nachbarinnen jedem, der kam, die ganze Geschichte von neuem und verwarfen die Hände dazu. Und in der Unruhe, die so entstand, vergaß man Lhôte eine Weile. Und Branchu war schon lang nicht mehr da.

Aber mit einemmal kam aus der Dunkelheit, die jetzt ins

Zimmer und in die Küche gedrungen war, eine Stimme, Lhôte erhob seine Stimme, und sie war dumpf, wie wenn einer aus tiefem Nachdenken auftaucht: »Jesus ist wiedergekommen!«

Man stieg auf eine Bank, um Licht anzuzünden; Lhôte trat in die Mitte des Zimmers; er fing wieder an: »Hört ihr, die ihr hier seid? denn die Übel werden vergehen.« Er war bleich unter dem schwarzen Bart. Ist er es auch, der gute Geselle von früher, der Redegewandte, der Mann mit dem Lederschurz, der das Huf des Maultiers zum Rauchen bringt und dazu Scherzworte tauscht mit dem, der das Tier hält? Er hebt wieder die Hand:

»Ich sage euch, die ihr mich hört: der Herr ist unter uns. Er war Tischler, er ist Schuster geworden, aber was tut's, wenn das Handwerk wechselt; man erkennt ihn daran, daß er die Kranken heilt, daß er die Toten erweckt im Sarge!«

Viele waren drauf und dran, ihm zuzustimmen; andere blieben ungläubig; aber schließlich, nicht wahr? man konnte nicht leugnen, daß sich ein großes Wunder ereignet hatte; wenn aber nun andere folgten!

Man sah durch die Tür, die jetzt offenstand, so viele Leute hereinkommen, daß man nicht wußte, wo sie wohl her waren; dann nahm sie alle die Nacht auf, denn alle folgten sie Lhôte, der hinausging. Ja, es waren unter ihnen auch Kranke, aber wo der Stern ist, das wußten sie wohl, und zu welchem Stern sie sich hinwandten; denn Lhôte ging vor ihnen her. »Wer weiß?« sagte man sich. Und kann man je sicher sein? in unserem Innern ist ein so großer Durst nach Glauben! Lhôte ging vor ihnen her; er bog nach links ab. Ein leichter Schnee fiel noch immer, in feinen Flocken, die von unten herauf, von oben herab, von allen Seiten zugleich kamen, wie wenn der Wind bläst und seine kalten Nadeln uns auf den Wimpern zerschmelzen. Und kein Stern war am Himmel, aber dort vorn sah man plötzlich den anderen Stern leuchten, der auf der Erde war. Dort lag die Werkstatt, in die *er* zurückgekehrt sein mußte, das Licht zeigte es an; sie gingen alle dorthin.

Und so sah man schließlich, wie Lhôte vorausschritt; er klopfte an die Tür. Die Tür ging auf, sie ging wieder zu. Und sie stießen sich alle, um wenigstens durch das Fenster zu spähen, denn hineingehen konnten sie nicht. Die Kranken fragten: »Wird *er* uns heute nicht heilen? Das wäre doch traurig, wenn wir noch warten müßten.« Manche husteten. Ein armer kleiner Junge, der an Krücken ging, hielt sich nicht länger auf den Beinen, er setzte sich in den Kot.

IV

Sie konnten nicht hinein, denn Branchus Tür blieb zu, und später wurde erklärt, er heile nur ganz bestimmte Krankheiten.

Lhôte war an diesem Abend der einzige, der hineindurfte.

Es war übrigens schon fast acht Uhr, und gewöhnlich schläft das Dorf um acht Uhr. Im Winter hat man ja nichts zu tun, und statt nur Petrol zu verbrennen, geht man ins Bett. Stille ist dann auf all diesen kleinen, dicht aneinandergedrängten Dächern, und am Himmel ein dicker Mond oder Nebel, und man hört nur den Brunnen wie eine kleine durchnäßte Trommel. Doch an dem Abend kamen immer noch Stimmen daher, und in der Ferne ging ein verschwommener Lärm um, wie wenn viele Menschen im Freien weiter redeten trotz dem Schnee. Und da ließ eine laute Stimme sich hören, nicht weit von Branchus Werkstatt, wo jetzt einige wieder mit Lhôte zusammengetroffen waren:

»Hört ihr, ich sage euch, solang es noch Zeit ist: er hat sich in sein Gegenteil verwandelt, um euch besser zu täuschen. Wie wenn einer Honig auf einen Teller gestrichen hat für die Fliegen ...«

«'s ist keine Kunst zu merken, wer das ist«, sagte einer. »Aber man sollte ihn doch zum Schweigen bringen.«

»Ihn zum Schweigen bringen?« sagte Lhôte, »das mach ich ...«

Aber Branchu hielt ihn am Arm zurück, und die Stimme entfernte sich schon. Sicher machte der arme Luc wieder einmal die Runde durchs Dorf und blieb vor den Häusern stehen, »denn«, sagte er, »die letzte Stunde schlägt jetzt.«

Es wurde wieder still. Eine unbehagliche Pause entstand. Dann sagte Branchu: »Wißt ihr was? bleiben wir nicht hier stehn.« Und er nahm alle, wie er das oft tat, ins Gasthaus mit.

Dort war es doch wenigstens besser geheizt, und es war auch heller, und man hatte den Wein, der das Reden erleichtert; sie setzten sich hin in der Gaststube; Branchu sprach viel, die anderen gaben ihm Antwort, und Leute kamen herein, die zu Branchu sagten:

»Ist das wahr, daß Sie Wunder tun?«

Branchu zuckte die Achseln:

»Wunder, ich! Ach nein, mein guter Freund, weder ich noch sonst jemand auf der Welt. Aber man hat ein wenig Medizin gelernt, und das erlaubt uns, gelegentlich einen Dienst zu tun ...«

Es kamen auch andere, die ihn fragten:

»Seid Ihr Jesus oder der Teufel?«

Da lachte Branchu: »Weder Jesus noch der Teufel, ach nein! zwischen ihnen, zwischen ihnen ...« Und Lhôte sah ihn sonderbar an dabei.

Offensichtlich wußte keiner mehr, was er nun glauben sollte, doch das kam daher, daß sich die Geister noch nicht recht gesammelt hatten. Jedenfalls war aber Branchu der Mittelpunkt einer neuen Aufmerksamkeit, einer Art von Ehrfurcht. Man hatte sich wohl für die Zwischenlösung entschieden, daß man sich sagte: »Das ist einer, der sehr viel weiß und der es geheimhält.« Mit solchen Leuten muß man sich gut stellen. Und er konnte etwas, der Mann. Hatte er einen Plan? Nie war der Wein so reichlich geflossen. Jedem, der hereinkam, wurde sofort ein Glas gebracht. Dazu kam die steigende Wärme, der Rauch. Er hatte nur seine Freunde und die Freunde seiner Freunde um sich; er schien froh zu sein, daß sie da waren, und suchte sie bei sich zu halten, er hielt sie fest mit dem Wein (außer Lhôte, der nicht trank). So war der Abend schon bald recht weit vorgerückt. Und in diesem Augenblick, als hätte es so sein müssen, erhob sich die Stimme wieder, und sie kam immer näher:

»Die letzte Stunde schlägt jetzt!... Er führt euch mit sanfter Hand, aber ich zeige euch, wohin er euch führt, damit ihr ihm noch entgehen könnt...«

Einige lachten; Lhôte aber war aufgestanden. Und als Branchu ihm winkte, daß er sich wieder hinsetze, sagte er: »Nein«, und er schüttelte den Kopf, »nein, seht doch, das ist nicht recht; und ich folge Euch ja, weil Ihr es seid, aber das ist nicht recht...«

»Nun komm«, sagte Branchu, »du weißt doch noch, was ich dir gesagt habe.«

Und er setzte eine Miene auf, als wolle er Frieden stiften: »Schließlich tut er niemandem etwas zuleide, höchstens mir selber... Und für den Ruf des Dorfs wäre es allerdings besser, wenn man ihn einsperrte, aber das eilt nicht.«

Er redete noch eine Weile so weiter; dann war er verschwunden.

Wie das geschehen war, begriff nie jemand. Da war ein

ganz schöner Rauch, und ganz viele Leute waren im Hin- und Herreden aufgestanden, denn man ereiferte sich jetzt über Luc: vielleicht hatte Branchu den Wirrwarr benützt, während Luc sich jetzt vor dem Gasthaus aufpflanzte:

»He, dort!« fuhr er fort, »hört ihr nicht? Dabei komme ich euretwegen, und deinetwegen besonders, Lhôte, denn dein Herz ist rein, aber es hat sich der falschen Nahrung verschrieben. Höre, es wäre besser, wenn deine Mutter gestorben wäre; besser, sie wäre gestorben, Lhôte, denn es gibt nicht nur den Leib ...«

Lhôte lief so schnell zum Fenster, daß man ihn nicht zurückhalten konnte, er riß es auf: »Sag das noch einmal!«

»Ich sage es noch einmal.« »Und wenn ich herauskomme?«

»Ich sage es immer wieder, darum weil es die Wahrheit ist.«

Da ging es dann schnell. Luc war mit seinem Satz noch nicht fertig, als Lhôte schon draußen war. Alle folgten ihm. Die Nacht war so finster, daß man nicht recht sah, was vorging, man hörte nur die zwei Männer reden, ganz nah aneinander, und Lhôte sagte: »Nicht er ist der Satan, du bist's!« Es tönte, wie wenn einer hinfällt; dann hörte man wieder Lhôte: »He! ihr andern ...« Sie kamen, sie waren aufgeregt: »Wir nehmen ihn bei den Füßen«, sagte Lhôte. Und alle lachten sehr laut, nur Lhôte lachte gar nicht, und sie spannten sich vor diesen Körper wie Pferde vor einen Karren. Aber vor einen leichten Karren, und im zerschmelzenden Schnee gleitet ein Körper leicht. »Wohin gehn wir?« »Zum Brunnen.« Er war ganz in der Nähe. Ein großes Holzbecken, breit und tief...

So starb am neunten Tag – an einer Lungenentzündung – der einzige, der hier vielleicht klar gesehen hätte, obwohl er nicht zu den Einsichtigen zählte; doch es gibt vielleicht andere Augen.

DRITTES KAPITEL

I

Alles war ruhig in den folgenden Tagen, denn Weihnachten rückte näher. Glück war in das Haus der Amphions gekommen, und als die Glocken ertönten und das Geläute am Himmel die Frohe Botschaft dahinwiegte, saßen sie vor der Feuerstelle und redeten von ihrem Glück, Joseph und Héloïse Amphion. Offensichtlich hatte Héloïse einen dickeren Bauch. Und das hatte nichts Überraschendes, denn sie kam in den sechsten Monat. Aber Joseph konnte es kaum glauben, so lang hatte er nun gewartet, drei Jahre waren sie schon verheiratet, und sie hatten alles versucht, hatten im Frühling sogar eine Wallfahrt nach Sainte-Claire unternommen.

Er sagte:

»Du böse Héloïse! ich verfluchte dich schon wegen deiner Unfruchtbarkeit, und weißt du, wenn du so weitergemacht hättest, dann hätte ich dich nicht mehr lieb gehabt, das wäre nicht mehr gegangen! Gib mir schnell einen Kuß …«

Er warf Holz ins Feuer, aus dem eine große Flamme stieg; und vor der Wand, die schwarz war von Ruß, leuchteten kleine Sterne auf.

Sie gab ihm einen Kuß (wenn er wollte, auch zwei, sagte sie), während sich unter dem stillen Himmel die Töne des Glockenspiels aus dem Kirchturm drängten wie Kinder, die aus der Schule kommen.

Noch einmal wieder nahmen sie ihr vergangenes Leben durch, ihr unnützes Leben, das zwar die Liebe verschönt hatte, aber wenn etwas uns fehlt, dann ist es, als fehlte uns alles zusammen. Zum Glück war das nun vorbei, sonst hätte die Liebe selbst auf die Dauer nicht standgehalten. »Es ist schon so«, sagte er, und er sah sie an, »ich konnte lang auf die Zähne beißen, ich spürte doch, daß ich dir's übelnahm. Die Unzufriedenheit ist wie ein steiler Hang; aber du hast mich wieder aufgefischt, als ich unten war, mit deinem schönen dicken Bauch... Noch einen Kuß.«

Das war schon der zehnte, mindestens. Man kannte den Zauber der Abendstunden. Die langen, ungeschälten Buchenscheiter, kreuzweis geschichtet, werfen einen Schein in die Gesichter, und man erkennt einander. Nie hatte man einander so gut gesehen. Man legt ein Scheit auf. August, September, Oktober, November, Dezember, das sind fünf Monate.

Und weiter: zu diesen fünf Monaten muß man nur vier hinzuzählen; Januar, Februar, März, April, man kommt fast rund um das Jahr: es wird sein, wenn die Vögel zu singen anfangen und kleine grüne Spitzen an den Hecken hervorkommen, wie wenn ihnen Krallen wüchsen.

Dort war ihr Glück, das sie vorauserlebten, und so traten sie aus sich heraus. Sie hatten bis jetzt dem Fenster den Rükken gekehrt; und da kam nun das Tageslicht wieder herein.

Und als es jetzt wieder hereinkam, da kamen ihnen auch alle möglichen Pläne, soviele Pläne, soviele Einfälle, daß sie Stunden und Stunden brauchten dafür und nie an ein Ende kamen. Würde es denn etwa ein Knabe sein oder ein Mädchen?

Er sagte:

»Mir wäre es natürlich schon lieber, wenn es ein Bub ist; aber wenn es ein Mädchen ist, wäre ich auch zufrieden.«

Sie sagte:

»Mir kommt es bloß darauf an, was du willst; wenn nur du zufrieden bist, bin ich auch zufrieden.«

Er mußte lachen, er sagte: »Ist das wahr?« Sie nickte. Er sagte: »Ist das wahr? Héloïse, ist das wahr?«

Dann:

»Also nehmen wir an, es käme ein Bub, welchen Namen geben wir ihm?«

»Wir sollten im Kalender nachschauen.«

Er holte den Kalender. Jetzt mußte man das Datum herausfinden. Sie sagte schließlich: »Such zwischen dem fünfzehnten und dem fünfundzwanzigsten.«

»Der fünfzehnte«, sagte er, »das ist Sankt Paternus.«

»Oh! nicht Paternus«, sagte sie.

»Der sechzehnte, Sankt Fructuosus.«

Sie schüttelte den Kopf.

»Der siebzehnte, Sankt Anicatus ... Der achtzehnte, Sankt Perfectus ... Der neunzehnte, Quasimodo ... Der zwanzigste, Gaspard ...«

Er dachte: »Mach ich den ganzen Abend so weiter?« Aber am einundzwanzigsten kam Sankt Anselmus.

»Das«, sagte sie, »das ist ein Name, den ich mag ... Er muß am einundzwanzigsten auf die Welt kommen.«

»Mir soll's recht sein, aber wenn es ein Mädchen ist? ...«

Und wieder stockte sie, wußte nicht weiter: er suchte einen Ausweg, er sagte: »Wir müssen in einem andern Kalender nachschauen, da stehen nicht immer die gleichen Heiligen«; und sie küßten sich, sie lachten miteinander; sie redeten wieder weiter; dann brauchten sie nichts mehr zu sagen, denn sie hatte sich ihm auf die Knie gesetzt.

Glück in der Tiefe des Herzens, es gibt doch nur dich; alles Übrige ist bloß Zutat. Die Worte, die man sagt, hier ein Lachen, dort eine Bewegung, die Küsse sogar, das sind lauter äußere Dinge; man blickt tiefer hinein. Da sieht man ein schönes Wickelkind mit großer Stirn und dicken Backen.

Das ist der wirkliche Grund, auf den man bauen kann, die Grundmauer, der Eckstein. So klein es auch ist, dieses Kind, auf ihm ruht doch alles, und es muß einem ernst sein, wenn man sein Haus baut. Ja, Héloïse wurde auf einmal traurig, Joseph fragte sie, was sie habe; wußte sie's denn? aber ein Schatten ging über sie hin, wie wenn von einer Wolke, die wir gar nicht kommen sahen, der Weg vor uns grau wird.

Zum Glück fing er an, sich auszukennen in diesen kleinen Frauennöten, er hieß sie zu Bett gehen. Am nächsten Tag, am Heiligen Abend, war sie ganz wohl. Sie gingen zur Mitternachtsmesse, und nachher kamen die Eltern zu ihnen, und es gab Glühwein, in den man Zucker und zwei, drei Zimtstengel und Gewürznelken und sogar Pfeffer tut.

Weihnachten ging vorüber; dann kam das Neujahr.

II

Man muß sehen, wie das in den Dörfern ist, zu dieser Jahreszeit. Nachdem man überall hat frei herumgehn können, schließen sich jetzt die Wege. Da hat man den Berg, wie er wirklich ist. Der Berg ist nicht schön im Winter. Es gibt zwar den einen Augenblick – Weihnachten –, da eine Helle gleichsam vom Himmel auf uns herabkommt: sowie der vorbei ist, fällt man zurück in die Finsternis unter den niedrigen Zimmerdecken, wo die Luft, die man einatmet, einen scharfen Geschmack hat. Draußen ist der Nebel; hellt es auf, setzt die Kälte ein. Und da es draußen nichts zu tun gibt, außer für die paar Männer, die mit Seilen und Äxten ins Holz gehen, kann man nichts Besseres tun als im Haus bleiben, jeder für sich, und versuchen, die viele Zeit totzuschlagen. Das Vieh zu besorgen, ist die einzige Tätigkeit. Und daneben würde man alle mögliche Flickarbeit finden; ein Fensterladen hält schlecht, die Heugabel oder der Rechen brauchten einen neuen Stiel, aber eine Trägheit ist in uns. Man sagt sich: »Wozu?« Und da ist man, in seinem gestrickten Wams aus dicker brauner Wolle, mit den langen Ärmeln, und schaut aus dem Fenster, man wärmt sich am Feuer in der Ecke oder versucht die Zeitung zu lesen. Unterdessen schreien die Kinder. Vielen hat man Taschentücher um den Kopf gebunden, weil sie Zahnweh haben.

Der gute Einfluß war fort; es kamen wieder Kämpfe vor, bei Clinche wurde es immer ärger. Umsonst gab seine Frau in allem nach: je mehr sie's einzurenken suchte, desto anspruchsvoller wurde der Mann. Baptistes Daumen, den man für geheilt gehalten hatte, fing an zu eitern; er klagte über Schmerzen am Arm, und in seiner Achselhöhle hatte sich eine Kugel gebildet. Constant Martin, der Krämer, machte Fallit. Lude hatte alle seine Grenzsteine versetzt und war damit fast auf die doppelte Fläche seines Landes gekommen.

Deswegen fühlte sich Lude doch nicht ruhiger. Wer einen Schritt tut, muß auch zwei tun. Man ist nie so reich, daß man sich nicht noch reicher denken könnte. Und er hatte jetzt freilich Land, aber da will man auch Geld haben, schönes, flüssiges Geld, Taler und Golddukaten.

So kam es, daß er am sechsten Tag dieses selben Januars noch hinaufgestiegen war in die Essaims, das war die letzte von seinen Wiesen, eine große Wiese, aber mit magerem Gras, weil sie zu hoch am Berg oben lag, und er war diesmal besonders großzügig mit sich selber verfahren, er hatte die Grenzsteine so weit versetzt, daß mindestens ein Drittel der beiden Nachbarwiesen dazukam. Man würde es wohl bemerken, das war sogar mehr als wahrscheinlich: es kümmerte ihn nicht. Wenig fehlte, und er hätte gewünscht, daß man alles entdeckte. Wegen des Neuschnees, in den seine Wanderung eingetragen blieb, Schritt für Schritt, schwarz, so wie Buchstaben Sätze bilden, hatte er einen großen Umweg gemacht. Doch über diese Vorsichtsmaßnahme hinaus hatte er nicht mehr versucht, sich zu verstecken. In ihm war eine sonderbare Mischung aller möglichen Gefühle, wie wenn man Weine der verschiedensten Sorten in ein Faß tut: Stolz, Scham, falsche Sicherheit, Angst, Eifer, Beklemmungen; das Ganze ein schreckliches Durcheinander. Er hatte hohe Gamaschen angelegt, seine Augen glänzten unter dem sehr tief herabgezogenen Hut; obwohl es kalt war, kam sein langer Hals ungeschützt aus dem dickwollenen Wams heraus. Und er streckte ihn vor, als er heimging im tiefen Schnee und manchmal bis übers Knie einsank. Was brauchte es, damit einer glücklich wurde? Zehn Franken im Tag? Sagen wir lieber gleich fünfzehn. Und das wäre auch nicht genug. Denn man sollte sie nicht verdienen müssen: die fünfzehn Franken sollten von selbst kommen, zur festgesetzten Zeit, wie die sogenannten Renten der Reichen: das ist Geld, das uns mit Rücksicht behandelt; es wartet uns mit dem Hut in der Hand auf. Da würde ich mich als Mann fühlen. Er bemerkte nicht, daß die Nacht kam: und er war auch nicht mehr sehr weit vom Dorf. Doch mit einemmal hatten die Dinge ein anderes Aussehen angenommen. Der graue Schein des letzten Tageslichts hinter den Wolken hatte einer grünen Helligkeit Platz gemacht, und man wußte nicht, wo sie herkam, da ja Mond und Sterne nicht da waren; und sie schien aus dem Schnee zu kommen, wie wenn er durchsichtig geworden wäre, und darauf waren schwarze Gegenstände, unklar umrissene Blöcke. Weiter unten lagen die Dächer des Dorfs kreuz und quer; sie bildeten etwas wie einen riesigen Kieshaufen, in den die Kirche hineingesteckt war wie ein Stock.

Und wenn Lude auch genug sah, um die Richtung einzuhalten, so fand er sich doch nicht mehr zurecht, er fuhr sich von Zeit zu Zeit mit der Hand über die Augen, das geschieht ja aber in meinem Kopf, in meinem Kopf liegt alles kreuz und quer. Er brach in Lachen aus, er glaubte seinem Lachen nicht mehr. Bald tauchte sein Haus vor ihm auf. Eine Lampe brannte in der Küche. Und sicher erwartete ihn seine Frau, so spät war es schon: aber etwas hielt ihn doch davon ab, hineinzugehen. Er trat ans Fenster und streckte, ganz dicht an der Mauer, den Kopf etwas vor. Die kleine Marie saß am Tischende vor einem Buch, und ihre Lippen bewegten sich. Das Buch war gewiß eins ihrer Schulbücher, und sie machte die Aufgaben; man sah, wie sie aufmerksam jedes Wort buchstabierte; am Ende des Satzes schloß sie die Augen und sagte sich ihn vor, dann richtete sie sich wieder auf. Die Lampe warf von der Decke herab ein weiches Licht auf die runde Stirn mit den glattgestrichenen Haaren; dort, wo die Wölbung am stärksten war, lag eine Glanzstelle. Es war alles ganz ruhig, ganz wie an jedem Tag. Das Feuer brannte im Herd, die Teller standen um die Suppenschüssel. Und Jean Lude sah das alles und konnte sich nicht entschließen, hineinzugehen.

Er fuhr zurück, als seine Frau in die Küche trat, denn er fürchtete, sie könnte ihn sehen; er kam so wieder in dieses seltsame grüne Licht des Schnees, nur war es jetzt weniger hell, weil seinen Augen der Lampenschein plötzlich genommen wurde. Er konnte nicht bleiben, wo er nun stand, das sah er zwar ein, aber wo sollte er hingehen, und was sollte er tun? Er hatte das Gefühl, es gebe da zuerst eine Entscheidung zu treffen; und dafür mußte er Zeit gewinnen. Er ging um das Haus herum und trat in den Schuppen, wo er sich auf einen alten, sehr niedrigen Pflug hockte, sodaß seine Knie auf die Höhe seines Gesichts kamen. Da senkte sein Kopf sich von selbst, er legte ihn an den Ort, wo er hingehörte. Herrgott im Himmel, mach, daß wir frei werden, selbst wenn wir dafür im Übel verharren müssen. Wenn man in einem Tunnel ist, kommt es nicht darauf an, ob man vorwärts- oder zurückgeht, sondern daß man herauskommt. Er biß die Zähne zusammen, es kamen ihm schreckliche Vorstellungen. Man geht nachts in die Häuser, man hat vorsorglich die Schuhe ausgezogen, da ist eine alte Frau, die schläft, man bringt kaum das Bett in Unordnung: wer würde denken, sie sei keinen natürlichen Tod gestorben? Aber gleich daneben, in einem Schrank, unter einem Stoß Leintücher, ist die Brieftasche voll von Banknoten!... Gut! das ist's, er fühlte sich besser, er hob den Kopf wieder, atmete kräftig; und dann sah er, daß da keine alte Frau war und keine Brieftasche; da war nur die Nacht vor ihm, die heller hereinkam durch die halboffene Tür des Schuppens; er ließ sich wieder nach vorn sinken.

So gab er auf die Schritte, die sich näherten, gar nicht gleich acht.

»Sieh da«, sagte eine Stimme, »ich dachte doch, ich würde dich hier finden.«

Man kam ohne Zögern heran, aber der Schatten war undurchdringlich im Innern des Schuppens, und Lude erriet nur am Klang der Stimme, wer mit ihm sprach. Ihn fror im Rücken. Aber es ist ja auch wirklich kalt; und dann hab ich auch nichts zu fürchten von dem da. Das ist einer, der Criblet heißt und den man die Schlange nennt, weil er ellenlang ist und auch wegen seiner Falschheit; nur weiß man schon, daß er kaum mitzählt, denn er ist auf der schiefen Ebene des Trinkens bis ans untere Ende gerollt. Und Jean Lude:

»Was willst du?«

Der andere:

»Nichts.«

Schweigen; vielleicht würde er gleich wieder weggehen. Aber wie kommt er darauf, mich hier im Schuppen zu suchen, wo keiner mich hat hineingehen sehen?

»Du, Criblet!«

»Was gibt's?«

»Wieso wußtest du, daß ich hier bin?«

»Weil ich Augen hab«, sagte Criblet.

Er lachte, er wollte schon sagen: »Deine Frage paßt mir, sie macht es mir leichter.«

Er schwieg, er fing wieder an:

»Ich geh gern spazieren. Ich bin spazieren gegangen. Ich hab mir die Steine angeschaut...«

»Wie?« sagte Lude, und sein Atmen stockte.

Aber der andere schien es nicht zu bemerken.

»Es gibt Steine von allen Arten; es gibt große, es gibt kleine; es gibt solche, die zu schwer sind, es gibt andere, die man aufheben kann... Man nimmt sie einfach in beide Hände, man zieht...«

»Schweig still!« schrie Lude.

Der andere sagte: »Du siehst.«

Und er fing wieder an zu lachen, ganz leise jetzt: »Ich dachte gleich, wir würden uns verstehen.« Das geht wie am Schnürchen. Man sagt: »Die Steine sind leicht«, und dann sagt man noch, was man will, denn er sagte jetzt:

»Wieviel Geld hast du im Haus?«

Lude wehrte sich gar nicht, es fiel ihm nicht einmal ein, zu lügen, er sagte sofort: »Ich hab wohl zwei- oder dreihundert Franken.«

»Bring sie her.«

Die ersten werden die letzten sein, sagt die Schrift. Lude spürte, daß er nicht mehr fest auf seinen Beinen stand. Er ging ins Haus; Adèle wollte etwas sagen, er verbot ihr zu reden. Er ging in die Kammer. Er kam wieder heraus, sie schaute ihn an, er sagte zu ihr: »Ich verbiete dir, mir nachzugehn«, und er nahm den Schlüssel, der an einem Nagel hing, er sperrte die Tür hinter sich zu.

Er ging in den Schuppen zurück, er fühlte sich immer noch sehr schwach. Criblet bewegte sich vor ihm im Schatten; er hüstelte wie einer, der eine Erkältung bekommt. Lude hatte das Geld aus der Tasche gezogen. Er sagte zu Criblet:

»Da sind hundert Franken.«

»Ist gut«, sagte Criblet, und Criblet nahm ihm das Geld ab; man konnte noch immer nichts sehen, immer noch war da nur seine Stimme, aber Ludes Hände waren jetzt leer.

Man sah die lange Gestalt wieder in der Türöffnung: Criblet blieb stehen, er wandte sich um:

»Danke schön!«

Er hüstelte nochmals, dann sagte er: »Wenn nichts mehr da ist, kommen wir wieder.«

Er war fort, seine Schritte waren nicht mehr zu hören: und ich, träume ich? Nein! ich träume nicht. Ah! mein Gott; er kennt mein Geheimnis, er kann mit mir tun, was er will, denn er kennt mein Geheimnis. Lude sank zusammen, wie wenn man ihm die Beine durchschnitten hätte. Aber er raffte sich gleich wieder auf. Er spürte, daß ein Feuer anging in ihm und sein Blut zu sieden begann: das war zuviel Ungerechtigkeit. Er ging hinaus, die Wut trieb ihn an. Criblet war noch nicht weit gekommen. Lude brauchte ihm nur zu folgen, er lief hinter Criblet her. »Ich hab ihn!« dachte er. Niemand war um den Weg, und man sah noch ganz gut dank dem grünen Licht, in dem Criblet ging und Lude ihm folgte. Er schaute auf die Stelle unter dem Hut, dorthin mußte er zielen und mit dem ersten Schlag treffen, mit einem Sprung, wie eine Katze. Er hatte Recht gehabt vorhin: man konnte nicht in dem Tunnel bleiben; aber er hatte einen Fortschritt gemacht. Je weiter man vorrückt im Übel, desto mehr weicht es von uns, wir brauchen es auf, wir machen uns frei von ihm. Und dabei war er ganz dicht an Criblet herangekommen, ohne daß der andere etwas zu merken schien.

Er konnte den richtigen Augenblick wählen. Der Aufprall war so heftig, daß Criblet vornüberstürzte und Lude auf ihn fiel, ohne daß sich sein Griff gelöst hätte.

»Ich hab ihn! ich hab ihn! geschafft!«

Da lag aber jetzt Lude auf dem Rücken, Criblets Hände um seinen Hals, Criblets Knie auf seiner Brust.

Sie waren im Schnee übereinandergerollt, sie hatten darin ein tiefes Loch eingedrückt beim Fallen; Criblet lächelte mit dem einen Mundwinkel:

»Mit dir ist's aus, armer Lude!«

Criblet schüttelte sich wie ein Hund, der aus dem Wasser kommt; Schnee fiel aus seinen Ohren heraus.

»So kommt's, wenn einer keine Hilfe mehr hat!«

Dann erhob er die Stimme:

»He! ihr anderen«, schrie er, »kommt her und seht, wenn's euch Spaß macht! (Und ein Echo im Dorf schickte ihm jedes Wort zurück.) Kommt und seht, wohin das führt, wenn einem fremdes Gut zu sehr gefällt.«

Und er hätte sicher nicht aufgehört, aber Lude kam in diesem Augenblick mit einem Ruck in die Höhe; Criblet machte keinen Versuch, ihn zurückzuhalten, und so lief er davon, lief einfach über die Felder, hinaus in die Nacht.

III

Am nächsten Morgen schien die Sonne. Die Wolken hatten sich während der Nacht verzogen, hatten den Mond freigegeben. Sie gleiten über ihn weg, schnell, und er ist dort und er wetzt sie durch wie der Stein ein Netzwerk; und wenn schließlich der Tag heraufkommt, sieht man ihn bleich und rund und allein an dem blauen Himmel.

Joseph war sehr früh aufgestanden, weil er zur Arbeit in den Wald gehen mußte; Héloïse war zur selben Zeit aufgestanden wie er.

Er hatte zu ihr gesagt:

»In deinem Zustand wärst du doch besser im Bett geblieben.«

»Das fehlte gerade noch.«

Sie war eine gute und sanfte kleine Frau, und sehr arbeitsam.

So half alles nichts, sie zündete Feuer an, goß Wasser in den Kessel, mahlte den Kaffee, stellte die Tassen hin: er packte unterdessen seinen Proviant in einen Sack. Am Ende saßen sie einander gegenüber, hatten zwischen sich die große eiserne Kaffeekanne, in der man von Zeit zu Zeit das leise Geräusch der herunterfallenden Tropfen hörte.

Eine Lampe brannte; er blickte auf seine Frau, ihre Wangen waren ganz blau geädert.

Er stand auf.

»Hör zu, versprich mir, wieder ins Bett zu gehen, sobald ich fort bin.«

Sie versprach es, er ging beruhigt fort. Eine Gruppe von Männern erwartete ihn unter dem Kreuz: sie machten sich alle miteinander auf den Weg.

Lange folgte sie vom Fenster aus der kleinen Mannschaft mit den Augen, dann dachte sie daran, wieder zu Bett zu gehen, wie sie's versprochen hatte; aber geht man zu Bett, wenn gerade die Sonne kommt? und meine Arbeit, wer macht die? und, dachte sie, Joseph wird's ja nicht wissen.

Sie ging also nicht wieder zu Bett; sie fühlte sich jetzt sehr munter und unternehmungslustig. Da singt man alle Lieder, die man kennt. Das Kind leistete ihr Gesellschaft. Bisweilen gab es ihr einen Fußtritt, dann richtete sie sich auf und verzog das Gesicht, aber gleich danach lächelte sie wieder. Soll es sich rühren, soll es sich drehen, soll es mir wehtun – umso besser, daran merkt man, daß es am Leben ist. Je mehr man seinetwegen leidet, desto lieber hat man es. Sie schaute auf ihren Bauch hinunter, sie fragte sich: »Hat denn das arme Kleine auch genug Platz? Es hat keine Luft, es sieht nichts, es hört nichts, es ißt nichts: da muß es ja aufbegehren.« Und ein großes Mitleid kam ihr zur gleichen Zeit wie ein großes Glücksgefühl, denn es gab nur noch eines: Geduld haben. »Gib mir Fußtritte, soviele du willst, ich beklage mich nicht!«

Darum war sie jetzt so gern allein; selbst die Nachbarn beschwerten sich, weil sie hochmütig werde, aber ich hab eben jemand, der mir Gesellschaft leistet, und die Zeit vergeht viel zu schnell, ich will sie nicht mehr mit Schwatzen verlieren.

Nie allein; und die Zeit vergeht. Schon zehn Uhr.

Sie zog die Schürze aus, sie hängte sie an einen Nagel, machte sich noch ein wenig zurecht; dann nahm sie einen Schal um, knüpfte um den Kopf ein schwarzes Wolltuch mit braunem Rand und machte sich auf den Weg nach dem Laden, dem anderen, nicht dem von Martin, denn Martin hatte Konkurs gemacht, wie wir wissen.

Die Sonne schien jetzt sehr hell, der verschneite Weg glitzerte wie ein getriebener Kessel; spitzige kleine Flammen züngelten überall auf den Zaunpfählen; die Dächer schienen blau an der einen Seite, an der anderen silbern.

Sie sah, daß viele Frauen um den Brunnen standen, und

das ärgerte sie ein wenig, denn nun würde man sie aufhalten, aber sie war schon zu nahe herangekommen, um noch umzukehren. Sie ging also weiter, mit kleinen Schritten, behutsam; sowie die Frauen sie kommen sahen, liefen sie ihr entgegen. Und sie erzählten ihr, daß sich Lude davongemacht hatte.

Das war die große Neuigkeit, die den ganzen Morgen im Dorf die Runde gemacht hatte; darum standen alle die Leute da, und die Frauen umringten jetzt Héloïse: denk doch, er ist verschwunden, seine Frau sucht ihn überall; und nach dem, was Criblet sagt, hat er scheint's gut dran getan zu verschwinden, der Dieb; er hat seine Grenzsteine versetzt in der Nacht. Und Criblet behauptet, er sei besessen. Criblet sagt, er roch nach Schwefel!

So kamen und gingen die Worte; es war etwas los an dem Tag.

Aber sie blieb in dem ganzen Trubel die gleiche wie sonst. Unser Leben hat anderswo seinen Grund, nicht wahr? So war sie bald an dem Brunnen vorbei; sie hatte es nicht mehr weit bis zum Laden. Und Brouque, der Krämer mit seinem großen schwarzen Bart (einer, der nie viel sprach und der heute nicht einmal seinen Mund auftat) hatte ihr schnell ihr Salz abgewogen. Dann das Mehl. Zwei Pakete zu je zwei Pfund, sie stopfte sie in ihren Korb; zahlte dann, ging hinaus, und es war schön draußen.

Die Frauen redeten immer noch um den Brunnen; sie bog in die hintere Gasse ein.

Dort war alles viel stiller; man bemerkte fast nur die Leute, die immer hier durchkamen. Da gab es zunächst ein paar Scheunen, dann zwei, drei Wohnhäuser, dann Branchus Werkstatt; dort bog die Gasse ab. Auch sie war mit einer dikken Schicht von gefrorenem Schnee bedeckt; Héloïse mußte auch hier achtgeben. Sie ging so langsam, daß eine ihrer Freundinnen, Julie, sie ohne Eile einholte. Die beiden schwatzten einen Augenblick miteinander.

»Das ist doch unglaublich!« sagte Julie, »ein Mann, dem keiner etwas vorzuwerfen hatte bis jetzt! Ein lieber Kerl! der glücklich war, seine Frau liebhatte! Was kann er sich nur gedacht haben?«

Héloïse sagte: »Ja... ja...«; sie trennten sich. Aber statt nachhausezugehen, blieb Julie stehn.

»Ich war stehngeblieben«, erzählte sie später, »weil ich's komisch fand, wie sie ging, und ich war auch ein wenig bös. Wegen dieser zerstreuten Art, die sie hatte. Ich dachte: ›Hat die sich verändert!‹ Nicht wahr? wir kennen uns ja von Kind auf. Ich sagte zu mir: ›Man würde sie nicht wiedererkennen; einen schönen Kürbis hat sie unter dem Rock! das Schürzenband hält nicht mehr.‹ Und es war sehr vereist, nicht wahr? Drum ging sie langsam, sie hob die Arme ein wenig, wegen des Gleichgewichts. Manche binden sich Strumpfrohre um die Schuhe. Immerhin, sie ging weiter, fünf Minuten hat das bestimmt gedauert. Und es ist genau im Moment gewesen, wo sie vor Branchus Tür kam, das weiß ich ganz sicher, und wo sie grade den Kopf gedreht hatte, um in die Werkstatt zu schauen. In genau dem Moment; sie ist stehngeblieben. Sie hat sich nach hinten geworfen, wie wenn sie auf den Rücken fallen würde; sie hat einen lauten Schrei ausgestoßen. Einen von diesen Schreien, wißt ihr, die einem gar nicht mehr aus dem Ohr wollen. Ich bin losgerannt; als ich bei ihr war, wälzte sie sich auf den Boden und hielt sich den Bauch mit beiden Händen...«

IV

Sie hatten sie auf eine Bahre gelegt; mit schweren Schritten, zwei vorn, zwei hinten, und sie unter einem Leintuch, so waren sie gekommen. Man hatte sie auf ihr Bett gelegt. Man war nach der Hebamme gelaufen und nach dem Pfarrer; sie kamen zu spät. Dabei war es ein schöner Junge.

Sie schauten ihn an, sie wunderten sich, daß er schon so groß, so fertig war; sie sagten: »Wie schade! noch einen oder zwei Monate, und man hätte ihn retten können.« Aber hätte man ihn wirklich retten können? er war schon tot, als er aus dem Bauch seiner Mutter kam.

Zum Glück wußte Héloïse nichts davon. Die Verrichtungen der Frauen, ihre Stimmen, die Heiltränke, die heißen Tücher: nichts davon drang mehr zu ihr. Sie war fortgegangen, war in ein anderes Leben gegangen; einer hatte mit ihr Erbarmen gehabt. Und jetzt lachte sie, war vergnügt. Sodaß man sagte: »Gottlob!« und gleichzeitig: »Wie traurig! wo sie so lang gewartet hatte, und nun kam das Glück endlich.«

Überall standen Gruppen beisammen; und man hörte:

»Nicht möglich!«

»Aber ich hab doch Augen im Kopf!«

»Wie ist das nur zugegangen?«

»Man hat keine Ahnung.«

»Sie war doch eine kräftige Frau!«

»Sicher.«

»Krank war sie nicht?«

»Es war ihr nie besser gegangen.«

»Vielleicht war der Korb zu schwer ... Oder sie war übermüdet?«

Man schüttelte den Kopf, das war es nicht.

Der Bäcker Tronchet, ganz klein und ganz rund, kam aus seiner Tür gerollt wie eine weiße Kugel; der Zeiger auf dem blauen Zifferblatt wies auf Mittag. Die dicke Glocke wurde geläutet. Etienne, Sohn des Etienne, Enkel eines dritten Etienne, war zu dieser Zeit Glöckner; die beiden anderen Etienne waren Glöckner gewesen. Als Enkel und Sohn von Glöcknern hat man die Glocken im Leib. Er läutete tadellos. Eine Frau schnitt eingemachte Randen in eine Schüssel, sie hatte ganz rote Hände davon. Sie rief einer Nachbarin etwas durchs Fenster zu, und die Nachbarin rief zurück. Weiter vorn dort, auf einer Vortreppe, unter der ein Maultier wartet, der Mann: man sieht ihn von hinten, er hat ein wollenes Wams an. Und ein großes Unbehagen kam daher. Hat man nicht bemerkt, welch schlimme Wolke aufgezogen ist am Himmel, schon vor gut zwei Stunden, und sie steht noch immer vor der Sonne?

Lange hat man Zahlen unter Zahlen geschrieben; jetzt muß man wohl schließlich zusammenzählen. Und da sie all das wieder durchnehmen, eins nach dem anderen, wird ihnen angst; jeder macht die Rechnung für sich. Musy erhängt, Baptiste mit seinem Daumen, die Kinder mit der Bräune, die Frauen mit dem fallenden Weh, die Tiere, die krepiert sind, die Burschen, die sich geprügelt haben, und jetzt Lude und dann Héloïse: das geht doch nicht mit rechten Dingen zu!

Man versucht hinterher einer Abfolge auf die Spur zu kommen. Riecht ihr beim Einatmen, mit dem frischen Geruch der Luft vermischt, einen feinen Duft von Vanille? Das ist der Rauch vom Lärchenholz. Von dem roten Holz, aus dem man die Bleistifte macht. Sein harziger Stoff, zugleich mit dem guten Duft, spannt über das Dorf einen zarten bläulichen Schein, die Dächer verschwimmen allmählich, während sich auf den Kaminen solch kleine Fahnen bewegen …

Joseph war unterdessen herabgekommen. Man hatte ihn geholt. Er wollte *es* sehen, sofort. Man traute sich nicht, es ihm zu zeigen. Aber er regte sich so sehr auf, daß man schließlich nachgeben mußte.

Er hatte seinen Hut aufbehalten, er roch nach Wald. Er brachte den Geruch von droben mit, einen Geruch von Rinde und Moos, und die Kälte von droben hing in den Falten seiner Kleider. Er ging auf die Stelle zu, wo man das Kind hingelegt hatte, es war mit einem Tuch zugedeckt. Man hob das Tuch auf.

Nach einer Weile fragte er:

»Ist der Pfarrer zur Zeit gekommen?«

»Nein, er ist nicht mehr zur Zeit gekommen.«

»So ist es für den Himmel verloren.«

Er sprach mit dumpfer Stimme, er sagte: »Nicht einmal das! … nicht einmal das! …« »Mein Gott!« sagte er, »armer Kleiner!« »Armer Kleiner!« sagte er wieder, »was hat er denn aber Böses getan, daß er so bestraft wird? Oder sind wir's, haben wir gesündigt? …«

Doch er konnte lang suchen, er kam nicht darauf, welchen Fehler er begangen haben konnte; und man sah, wie sein Rücken allmählich schlaff wurde, wie wenn ein Hang beim Tauwetter einsinkt.

Er hatte noch nicht nach seiner Frau gefragt. Auf einmal sagte er: »Und sie, wo ist sie?«

Man führte ihn in die Kammer. Er war noch nicht über die Schwelle gekommen, als sie zu lachen begann, aber man hatte ihn vorbereitet: »Sie hat Fieber, begreifst du?«

Man wußte nicht, ob er begriff; er blieb vor dem Bett stehen. Sie sah ihn nicht an. Der Ort, wo sie hinschaute, war außerhalb dieser Welt. Der Widerschein des Fiebers war wie ein kleiner weißer Strich auf ihrem Augapfel. Sie hatte sich schon eine ganze Weile nicht mehr gerührt; ihre Arme lagen zu beiden Seiten des Körpers, als gehörten sie nicht zu ihr. Sie sprach kein Wort mehr. Und er, was würde er tun? Würde er aufschluchzen und sich über sie werfen? würde er ihre Hand nehmen? Er tat nichts dergleichen. Er war gekommen, er schaute sie an, dann sagte er: »Das ist nicht mehr sie. Man hat sie mir anders gemacht.«

Dann voller Zorn: »Wer hat sie mir anders gemacht?« Er stampfte mit dem Fuß, und seine Kiefer wurden hart.

Man faßte ihn an den Schultern: »Joseph!« sagte man, »ruhig!«

Aber er sagte wieder:

»Wer hat sie mir anders gemacht? Wer hat sie mir anders gemacht?«

Er war mit den anderen in die Küche zurückgegangen, man schob ihm eine Bank hin, er ließ sich darauf fallen. Er kauerte da in seinen Kleidern, die aussahen, als seien sie ihm zu weit geworden. Man redete ihm zu, er schien es nicht zu hören; man rief ihn beim Namen, er gab keine Antwort. Der dicke Hugues Communier trat auf ihn zu und legte ihm die Hand auf die Schulter, er sagte:

»Hör zu, Joseph, du bist kein Mann. Deine Frau könnte dich nötig haben.«

Er hob seine leeren Augen zu dem anderen auf; sein Mund blieb geschlossen. Er zuckte die Achseln, als wollte er antworten: »Was kann ich denn tun? Ich bin selber ja auch nichts mehr.«

So war der Wechsel nur umso plötzlicher, als er auf einmal sagte:

»Hör, Communier.«

Er fuhr fort:

»Ich möchte gern wissen, wie es passiert ist.«

Communier war ganz glücklich.

Er fing also an, das Ganze zu erzählen: wie Héloïse gegen zehn Uhr aus dem Haus gegangen war, daß sie eine Besorgung zu machen hatte, daß sie stehen geblieben war, um am Brunnen zu schwatzen, kurz, alles, was man gehört hat:

»Zum Heimgehn nahm sie die hintere Gasse …«

An dieser Stelle hob Joseph den Kopf:

»Sie hat wieder mit Julie geredet. Und gleich danach ist es passiert …«

»Wo war das?«

»Grad vor dem Haus des neuen Schuhmachers.«

Joseph war aufgestanden; er sagte: »Ich wußte es«; das war ein anderer Joseph als noch vor einem Augenblick. Etwas hatte sich gespannt in dem Gesicht, seine Züge kamen wieder an ihre Stelle. Ein Röte trat in seine Wangen; seine Augen glänzten:

»Ich dachte es mir!«

Und mit lauter Stimme, er streckt die Hand dabei aus:

»Das ist die Strafe, weil wir nicht früher auf ihn gehört haben. Er allein hat die Wahrheit gesehen. Und jetzt, zu unserem Unglück, ist er tot …«

Und da jemand fragte: »Wer denn?«, sagte er:

»Luc natürlich!«

Man begriff nicht sofort, aber nach und nach besann man sich wieder darauf, was Luc gesagt hatte, als er noch seine Prophezeiungen machte; wer weiß, ob er nicht richtig gesehen hatte? Der Fortschritt kommt so zustande, daß die oder die Idee an einem Punkt zuerst Form annimmt, das Beispiel ist aber ansteckend. Schon waren sie sechs, die diese Idee teilten; die sechs, die gerade mit Joseph zusammenwaren.

Der große Communier, Meyru, Brandon, Tonnerre, die beiden Brüder Jan; sie sagten zu Joseph: »Wir kommen mit!«

»Wir sind am Anfang ganz ruhig«, sagte Joseph. »Aber sobald er nicht ganz richtig Antwort gibt, sobald er nur ein klein wenig zögert ...«

Er sprach nicht weiter, aber er hob die Faust, und man spürte, wie furchtbar entschlossen er war ...

So machten sich die sieben Männer auf den Weg, während die Frauen sich weiter um die Kranke bemühten. Sie hatten es nicht weit; hundert Meter, höchstens. Sie gingen zwischen den niedrigen, schiefen Gartenzäunen, sie waren bald an der Biegung: sie sahen das schöne blaue Schild mit den beiden Bildern.

Joseph trat vor, als erster; Branchu war zuhause. Joseph klopfte ans Fenster. Und die Männer, die Joseph begleiteten, hatten ein wenig Angst, er könnte dem Zorn zu schnell nachgeben und sich gleich bei den ersten Worten zu Beschimpfungen, ja zu Schlägen hinreißen lassen; aber da wunderten sie sich noch einmal sehr. Denn Branchu hatte das Fenster sofort geöffnet, hatte Joseph gefragt, was er wünsche; und da wußte Joseph nicht, was er antworten sollte.

Denn in der Werkstatt war alles so still! Da ist einer im Begriff, seinen Pechdraht zu schmieren; er kehrt uns ein offenes Gesicht zu, richtet die Augen eines Mannes auf uns, der nur seine Arbeit im Kopf hat. Man klopft an sein Fenster, er legt seinen Hammer hin, läßt sein Leder auf einem Stuhl: verhält so sich einer, der sich etwas vorzuwerfen hat?

»Wollen Sie nicht bitte hereinkommen?« sagte Branchu zu Joseph.

Dann sah er Communier und die andern:

»Und die Herren auch, wenn sie mir das Vergnügen machen wollen ...«

Vielleicht meinte er, es handle sich um eine Bestellung. Joseph war überrumpelt.

Er gab keine Antwort, er schüttelte bloß den Kopf; und kehrte dann um, und die anderen folgten ihm. Sie gingen zurück durch die Gasse, und während sie sich entfernten, stand Branchu am Fenster, vorgeneigt, und auch er sah so aus, als begreife er nicht recht, als sage auch er sich, das sei wohl ein Irrtum gewesen.

Es schlug vier Uhr, in rötlichem Licht. Die dicke Wolke gab die Sonne nicht frei. So wie die Sonne vorrückte, rückte auch sie vor und lag auf ihr wie ein Lid. Doch ein paar Strahlen, die darüber hinaus drangen, trafen weiter unten auf verdichteten Dunst, von da verbreitete sich rings diese Farbe. Der große steinerne Kirchturm tauchte hinein.

Dahinter sah man einen schwarzen Hang, dessen spitzes Ende ins Leere hinaus, hoch über das umliegende Land aufstieg; auf dem Gipfel sah man ein Kreuz: ein richtiger Kalvarienberg. Auf den kleinen Wegen, die in Windungen daran hinauflaufen, könnte man sich ohne Mühe die Menge der Soldaten vorstellen, die Neugierigen und die heiligen Frauen. Aber es scheint nicht, als weile Der, dem sie folgen, hier unter uns, was immer Lhôte sagen mag.

V

Verlassene Herzen sind wir, und die Gegenwart des Herrn gibt es nicht mehr für uns.

Da ist nur diese Unruhe im Dorf; da ist nur in Josephs Haus ein Licht angegangen; da ist nur das Fieber, das bei Héloïse steigt und steigt; da ist nur Joseph, allein jetzt in seiner Küche, der wieder nachgibt unter der Last seines Kummers.

Er hört dieses Lachen herübertönen, und die Frauen

sagen etwas; man hat vergessen, das Feuer zu unterhalten, es ist erloschen.

Er nimmt sich noch eine Weile zusammen, dann spürt er ein Prickeln in seinen Augenwinkeln, er stößt zwei tiefe Seufzer aus.

Und die Tränen kommen ihm endlich, stille Männertränen, und er denkt nicht einmal daran, sie abzuwischen, und so laufen sie ihm übers Gesicht, tropfen ihm auf die Hosen, eine nach der andern.

VIERTES KAPITEL

I

Nicht lange nach dieser Zeit rief Adèle eines Morgens ihre Tochter zu sich (Adèle war die Frau jenes Lude, der die Grenzsteine versetzt und sich dann aus dem Staub gemacht hatte); sie sagte zu ihr:

»Marie, hast du mich lieb?«

»Oh! ja, Mama«, sagte Marie.

Und Adèle wollte weitersprechen, aber sie konnte nicht gleich. Sie sah vor sich hin. Man hätte sie für eine alte Frau halten können, obwohl sie noch nicht fünfunddreißig war. Denn der Kummer hat Wohnung genommen in uns. Und was sie jetzt sagen mußte, war schwer zum Sagen, namentlich einem kleinen Mädchen, das noch nicht seinen ganzen Verstand hatte.

Sie mußte noch einmal nachdenken, mußte noch einen Anlauf nehmen; und dann:

»Also, Marie: Wenn du mich lieb hast, würdest du mit mir kommen?«

»Ja, Mama«, sagte die Kleine.

»Aber ich hab dir noch nicht gesagt, wo wir hingehen würden. Weit fort, weißt du; fort von allem. Du kannst dann nicht mehr zur Schule gehn; du hast dann deine Freundinnen nicht mehr.«

»Oh! Mama«, sagte sie, »du bist doch die bessere Freundin als alle meine Freundinnen.«

Sie hatte sich zu ihrer Mutter gewandt, sie hatte sehr schöne Augen. Sie war eine ordentliche kleine Person.

Adèle setzte sie auf ihre Knie, sie zog sie an sich; welch ein Trost ist das doch! Man hörte nichts als ein Knacken von Zeit zu Zeit, wie wenn einer auf dem Dach umherginge. Das war der Schnee, der zu schmelzen anfing.

»Siehst du, Marie, meine Kleine, das ist eben so: Wir können nicht mehr hierbleiben. Da hab ich an unser Häuschen droben am Berg gedacht. Dort sind wir weit weg, und wir sind ganz allein dort; aber ich bin nie allein, wenn ich dich bei mir habe.«

»Und ich auch nicht, Mama, wenn ich bei dir bin.«

Adèle küßte sie lange; so süß ist das, wie wenn man nie mehr die Lippen wegnehmen könnte von dort, wo sie sind. Immer noch war das Geräusch auf dem Dach zu hören, und bisweilen fiel Schnee herab.

»Und Vater, kommt er dann auch?«

»Oh! ja, er kommt sicher zu uns!«

»Und wann kommt er?«

»Jetzt noch nicht«, sagte Adèle, »weil er auf einer großen Reise ist; aber sobald er zurück ist, kommt er zu uns.«

Sie senkte den Kopf.

Aber man muß sich zusammennehmen, man muß sogar fröhlich scheinen: das ist schwerer und härter als alles andere. Es war so gekommen, daß sich die Leute nach der Flucht ihres Mannes an ihr rächten. Man sagte zu ihr: »Und dein Mann, der Dieb, hörst du nichts von ihm?« Viele grüßten sie nicht mehr. Andere nahmen im Gegenteil eine falsche Mitleidsmiene an, wenn sie mit ihr sprachen, und darunter litt sie noch mehr. Sie hatte bald gesehen, daß sie es nicht mehr aushalten würde.

Doch es gibt keine wirkliche Einsamkeit für das Herz, wenn es sich einmal verschenkt hat. Ein Loch entsteht, die Liebe deckt es zu. Sie richtet das Zerstörte gleich wieder auf, sie füllt vorweg die Lücken; eine große Tapferkeit kam über Adèle, denn sie hatte Ja gesagt.

Die beiden hatten sich für ihre Reise bald bereitgemacht; am nächsten Tag, im Morgengrauen, wartete das Maultier vor der Tür.

In einem Sack aus grauer Leinwand war ihr Proviant, in einem anderen Sack waren die Kleider; oben auf dem Packsattel machten sie den Kessel fest, die Beine streckte er in die Luft; sie sperrten die Tür zu.

Unser Haus müssen wir uns nochmal ansehn: Gott weiß, wann wir wiederkommen. Adèle hatte Tränen in den Augen.

»Wein nicht, Mama«, sagte Marie.

Adèle zog ihr Taschentuch hervor, dann faßte sie das Maultier am Zaum; Marie hatte die Geiß übernommen.

Sie mußten gut die Hälfte des Dorfs durchqueren; sie trafen niemanden an. Dabei war es die Zeit, da die Leute sonst aus den Häusern kommen, weil der Tageslauf wieder anfängt: die Straße war leer, die Türen blieben geschlossen. Sie gingen. Sie waren bald in den Feldern draußen. Der Weg begann anzusteigen. Das Maultier trottete brav unter seinem schwer beladenen Sattel, zwischen den schneeüberzuckerten Hecken, von denen bisweilen ein seltsamer großer Vogel mit rotem Kopf aufflog.

II

Ohne Not hätte der Ammann – ein vorsichtiger Mann, der mehr als irgendeiner für seine Ruhe besorgt war – nicht schließlich diesen Gang getan. Gegen die Mitte des Monats März wurde die schönste Alphütte der Gemeinde von einer Lawine fortgetragen; ein paar Tage später wurde Les Essertes, der ganze Weiler, durch einen Brand zerstört.

Der Ammann hatte gesehen, daß sich die Leute zu wundern anfingen, weil er nichts unternahm, aber was konnte man denn unternehmen? Immerhin, als sie kamen und zu ihm sagten: »So kann das nicht mehr lange weitergehen!« da hatte er einen Entschluß gefaßt, und nachdem er sich's noch einmal überlegt hatte, ging er zu dem einzigen Mann, von dem er sich einige Hilfe versprach, nämlich zum Pfarrer.

Das Pfarrhaus war ein stattliches graues Gebäude, dreistöckig, neben der Kirche; ein hoher Vorplatz aus Granit mit doppeltem Aufgang trat in der Mitte aus der nackten Fassade vor. Und in dem Augenblick, da der Ammann am Fuß der Vortreppe anlangte, geschah schon etwas, worauf er ganz und gar nicht gefaßt war: die Haustür war aufgegangen, und wen sah man herauskommen? Branchu, keinen anderen als Branchu selbst! Nicht möglich! aber er war's. Er trug ein dikkes Bündel unter dem Arm.

Der Ammann blieb stehen; Branchu schien überhaupt nicht verlegen. Eine schöne Heiterkeit stand ihm ins Gesicht geschrieben, er lächelte weiter, er zog tief den Hut vor dem Ammann; gesprächig, wie er war, wäre er vielleicht sogar zu ihm getreten, wenn der andere nicht den Kopf abgewandt hätte.

Und Branchu ging weiter, und der Ammann stieg hinauf. Es mußte ja sein! Eine breite, geschwungene Treppe führte ins erste Stockwerk. Langsam stieg der Ammann weiter, Stufe um Stufe, und versuchte unterdessen ein wenig Ordnung in seine Gedanken zu bringen, aber es gelang ihm nicht recht; und schon war es zu spät...

Der Pfarrer mußte dafür sorgen, daß er sich setzte, er wäre sonst umgefallen. War es die Hitze, die da herrschte, oder der dicke Rauch? Er hatte aber kaum noch Zeit, in der Unordnung auf dem Tisch die zwei leeren Gläser, die leere Flasche zu sehen, dann verschwamm alles vor seinen Augen.

Eine laute Stimme brachte ihn wieder zu sich:

»Nun, Herr Ammann, was verschafft uns die Freude?«

Da waren keine Gläser, da war keine Flasche mehr; da war nur noch der Pfarrer, und der Pfarrer schaute ihn an.

Er war ein schwerer Mann mit rotem Hals und rotem Gesicht: alles war breit und mächtig an ihm, die Schultern, der Bauch; es zog ihn eher zu Wein und Fleisch als zur Messe und zum Gebet. Er schaute den armen Ammann an; man spürte seine Ungeduld.

Noch einmal stellte er seine Frage; noch immer gab der andere keine Antwort. Er mußte einen neuen Anlauf nehmen; doch als die Worte ihm endlich kamen, da kamen sie alle auf einmal:

»Sie müssen entschuldigen, Herr Pfarrer, aber wir sind so sehr auf Sie angewiesen, so sehr auf Sie angewiesen, Herr Pfarrer. Wir begreifen nicht, was uns zustößt ... Gewiß, es sind Unglücksfälle passiert, aber Unglücksfälle gibt's schließlich immer. Nein, es ist weniger das, es ist etwas, wie soll ich sagen? Wie wenn wir unter einem Einfluß stünden ... Etwas wie ein Fieber, das die Guten schlecht werden läßt und die Schlechten noch schlechter. Und da ist unsere große Alphütte von Les Entraignes fortgerissen worden, und Les Essertes vom Feuer zerstört; da sterben Männer, Frauen, Kinder wie noch nie; da treten alle möglichen Krankheiten auf, die man nicht erklären kann ... Und jetzt haben wir Angst vor dem, was noch kommt. Denn es ist sicher noch nicht zuende ... Man weiß nicht, es geht nicht mit rechten Dingen zu ... Und da haben wir uns gefragt, Herr Pfarrer, ob Sie uns nicht helfen können, denn ...«

Er kam nicht weiter.

»Das überrascht mich alles nicht!«

Der Pfarrer schlug mit der Faust auf den Tisch.

»Diese Todesfälle, diese Verluste, diese Krankheiten, die

verbrannten Häuser, das krepierte Vieh, habt ihr das nicht alles verdient? ... Ah! wahrhaftig, ihr müßt euch grad noch beklagen! (Er schlug zum zweitenmal auf den Tisch.) Hab ich euch nicht gewarnt? Wer lügt wie ihr, wer Unzucht treibt wie ihr! Mich überrascht nur, daß die Strafe nicht noch schrecklicher ist. Der liebe Gott muß schon geduldig sein: geduldiger als ich! Und wenn euch ein Unglück zustößt, dann tut ihr, wie wenn ihr nicht wüßtet, warum? ...«

Er schnaufte heftig, er hielt sich die Nase zu:

»Ich sage, ihr stinkt, ihr stinkt wie Leichen. Und hört mir gut zu, es gibt da nur eines, ihr müßt euch bessern ... Die Lügner sollen nicht mehr lügen, die Gotteslästerer nicht mehr lästern ... Ganz einfach! wie Sie sehen.«

Und er brach in Lachen aus:

»Wie wenn einer wollte, daß die Flüsse zur Quelle zurückfließen, daß Schnee im Sommer fällt ... Ah! zum Donn ...«

Er unterbrach sich mitten im Wort, er besann sich ein wenig spät auf die Würde, die er seinem Kleid schuldig war; und er beruhigte sich, er trocknete seine Stirn; er wirkte jetzt ganz verlegen; der Ammann hatte sich auf seinem Stuhl nicht gerührt. Und es entstand eine Pause; dann stand der Pfarrer auf. Er holte sein Gewehr aus einer Ecke.

»Schauen Sie doch her, Herr Ammann: eine schöne Waffe ... Ach ja, stimmt, Sie sind kein Jäger ...«

Der Ammann war auch aufgestanden; er schüttelte den Kopf.

»Ein Hammerless; ein Gewehr, das fünfhundert Franken kostet; ich hab es günstig bekommen. Schauen Sie doch ...«

Er drehte es in der Hand, ließ den Abzug spielen:

»Das ist so gut gearbeitet wie ein Uhrwerk, besser gearbeitet als meine Pfarrkinder.«

Er lachte noch einmal, sein Lachen tönte falsch, und der

Ammann schaute ihn an, er verstand kein Wort mehr und spürte, wie auf seinem Herzen die Vorwürfe lasteten, die er für seine Person nicht verdient hatte ...

Man hat eine gute Regung gehabt, und so wird sie einem vergolten! Er sagte sich: »Ein andermal mach ich mir nicht die Mühe.«

Aber da, als er eben zu seinem Haus kam, ließ am Kirchturm die größte Glocke einen langen und dumpfen Schlag hören. So klingt es, wenn einer mit dem Ende des Klöppels gegen den Bronzerand schlägt. Man meint, die Stimme steige aus solcher Tiefe herauf, daß sie nur mit Mühe durchdringe. Wie ein Seufzen kommt sie daher, und wieder, und noch einmal; und die Männer, die unterwegs sind, die im Holz arbeiten, die Männer, die Kartoffeln ausstechen, die mit einer kleinen Säge die Hecken stutzen, der Hirt, der die Geißen hütet, die alte Frau, die ein Feuer anzündet von dürrem Holz, alle fragen: »Für wen wird geläutet?« und sie schlagen das Kreuz über sich.

Bum! ... Es ist ja doch eine große Not im Leben der Menschen. Wo man auch ist und was man auch tun mag, vor sich hat man den Tod. Er läßt es nicht zu, daß man ihn vergißt: denken wir einen Augenblick nicht an ihn, so ruft er sich uns in Erinnerung.

Bum! ... Mein Großvater und meine Großmutter sind gestorben, meine Tante Fridoline ist gestorben, mein kleiner Bruder Jean ist gestorben, mein kleiner Bruder Pierre ist gestorben, meine Schwester Martine wird sterben: auch ich muß sterben.

Bum! ... Gott unser Herr, beschütze uns in unserer Trübsal, ohne dich sind wir nichts, wir haben dich furchtbar nötig, Gott unser Herr, in unserem Elend erbarme dich unser, o Herr.

Bum!... Ich hatte doch gar nicht gewußt, daß jemand so krank war. Und ich habe nicht gesehen, daß das Allerheiligste vorbeigetragen wurde. Ist es vielleicht der alte Borchat? Man hatte ihm Blutegel angesetzt.

Bum!... Es war ein grauer Tag. Es waren etwa hundert Männer, etwa hundert Frauen, sie waren schwarz auf dem weißen Grund. Die Männer gingen voran, die Frauen folgten. Auf der Bahre lag eine schwarze Decke mit silbernen Verzierungen, Totenköpfe unter zwei gekreuzten Knochen, und die Träger gingen im gleichen Schritt, um Stöße zu vermeiden. Sie kamen die Dorfstraße herauf, sie gingen am Brunnen vorbei. An den Dachrändern hingen ganze Bärte aus Eiszapfen. Die große Linde, die keine Blätter mehr hatte, sah aus wie ein Baum aus Eisendraht. Man hörte kein anderes Geräusch als das von den groben, genagelten Schuhen, die miteinander über die vereiste Straße schlurften, und die schweren Schläge der großen Glocke, die in Abständen alles zudeckten. Es wird von einer niedrigen Mauer getragen. Perlenkronen hangen an blaugestrichenen Holzkreuzen, unter einer Glasglocke sieht man ein Sträußchen, eine Inschrift, zwei Hände, die sich fassen. Man ging auf der mittlern Allee. Joseph schritt in der ersten Reihe. Schon jetzt mußte man ihn stützen. Aber als sie bei dem Loch waren, kam's noch ganz anders: zwei Männer faßten ihn unter den Armen...

Ist man eigentlich in der Kirche gewesen?... er weiß nichts mehr, spürt nichts mehr. Zu zweit hielten sie ihn fest; er schwankte zwischen ihnen wie ein Baum, der unten durchgesägt wird. Bald neigte er sich zur Seite, bald fiel er nach vorn. Aber sie hielten ihn fest, und so war er bei allem dabei. Und er mußte bei allem dabeisein. Er sah sein vergangenes Leben versinken, seine Hoffnung, den Grund seines Daseins;

mein Gott! kann das sein, meine Eingeweide reißen sie mir heraus, das Herz meines Herzens, den Gedanken meines Gedankens. Sie war meine einzige Ernte, der einzige Reichtum in meinem Speicher ... Er hatte zu jammern begonnen, wie wenn man ihm mit einem Messer im Bauch wühlte. Armer! dieser Joseph Amphion: ein Kind war ihm versprochen, das Kind ist tot, seine Frau ist tot. Aber er hatte auch nachzudenken begonnen, und er fing wieder an damit: »Bin ich immer gut gewesen zu ihr?... Bin ich zu ihr immer so gewesen, wie ich es ihr geschworen hatte, als ich ihr an dem Tage damals den Ring an den Finger steckte? Und noch als sie sich wehrte in ihrem Bett und ich ungerecht war und sagte: ›Das ist nicht mehr sie!‹ – vielleicht, wenn ich da gekommen wäre und sie geküßt hätte, wäre sie befreit worden durch das Wirken der Liebe... Sie hätte mich wiedererkannt; sie hätte zu mir gesagt: ›Du bist's!‹ – besser war sie als ich, und so schön, – und ich habe es nicht getan, und da geht sie jetzt!... Es ist meine Schuld, meine eigene Schuld!...« Die Erdklumpen fielen auf den Sarg, man führte ihn weg.

Und die anderen gingen hinter ihm her, gingen nachhause, aber sie waren kaum weniger elend. Sie sagten nichts, hätten nichts sagen können. Die Glocke war verstummt, eine große Stille herrschte. Unter dem düstern Himmel, der tief herabhing und das Dorf einhüllte, wie um die Einsamkeit schon im voraus zu zeigen, in die es eintreten würde, gingen sie heim, in kleinen Gruppen; und vor ihren Häusern senkten sie die Köpfe, sie verschwanden unter den niedrigen Türen wie die Tiere in ihren Löchern...

III

Sie hatten sich jedoch nicht vorgestellt, daß es so schnell gehen würde. Zwei Wochen verstrichen noch, höchstens, dann traf es drei Frauen an drei aufeinanderfolgenden Tagen auf die gleiche Weise wie Héloïse: alle drei Male war Branchu dabei. Dann kam Herminie an die Reihe.

Etwa zehn Männer standen am Ende der Gasse, als die arme Herminie auftauchte; und im selben Augenblick trat auch Branchu aus seiner Tür. Anscheinend verbarg er sich nicht mehr. Er wandte sich Herminie zu. Er hatte die Hände in den Hosentaschen, er lächelte sonderbar. Man hat seither behauptet, seine Augen hätten die Farbe gewechselt. Soviel ist sicher, daß Herminie in genau dem Moment, da sich sein Blick auf sie richtete, diesen Schmerz spürte; und auch sie schrie auf, auch sie warf die Arme empor; und auch sie schlug hin, wie wenn ihr die Beine unter den Röcken geschmolzen wären. Da lachte der andere (so erzählte man), und er sagte ganz laut (so erzählte man): »Das ist die fünfte, die Sache klappt!...«

Dass Merkwürdige daran ist, daß es den Männern nicht einfiel, sich sofort auf ihn zu stürzen; es ging aber alles so schnell, daß sie überrumpelt wurden. Branchu konnte bequem verschwinden.

Doch allmählich setzten sich im Dorf nun alle, die noch nicht Partei ergriffen hatten (und das war die Mehrzahl), in Bewegung. Zunächst brachte man Herminie heim; dafür langten vier von den Männern; die anderen liefen von Gasse zu Gasse und blieben vor jeder Tür stehen, klopften daran oder stießen sie auf und schrien: »Kommt ihr?« Darauf wurde gefragt: »Was gibt's denn?« Aber sie waren schon weiter. Man sammelte sich auf dem Platz. Bewaffnet war man mit allem, was einem in die Hände gefallen war. Die einen hatten eine Mistgabel gepackt, die andern den Stiel von einem Werkzeug; manche hatten sich mit ihrem Jagdgewehr gerüstet, andere schwangen eine Sichel; und von allen Seiten her schwoll ein Lärm an wie von einem Wildbach, der über die Steine herabstürzt.

Es kamen immer noch mehr; sie fragten: »Was gibt's?«

Und die Nachricht wurde noch einmal durchgenommen; Arme gingen in die Höhe, Köpfe wurden geschüttelt; und mehrere brachen in Lachen aus, vor Wut, denn man dachte: »Wie konnten wir uns so hereinlegen lassen, warum haben wir das nicht früher gemerkt? Die armen Frauen! wie wenig fehlte, und sie wären alle drangekommen!«

So unglaublich die Sache auch war, sie versuchten schon gar nicht herauszufinden, welcher Mittel sich Branchu bedient hatte, um ans Ziel zu gelangen: schlagen wir ihn zuerst tot, sagten sie zueinander, darauf kommt's an. Dazu hatten sie sich versammelt, und in so großer Zahl. Aber je größer die Zahl, desto besser – gegen einen Mann dieser Art. Der Platz vor der Kirche war schließlich zu eng geworden. Es fehlte nur noch ein Anführer; der große Communier überragte sie zum Glück alle, so wandte man sich an ihn: »Gehn wir? Los, entschließ dich, du hast das Kommando!« Und der große Communier war überrascht, doch er hob den Arm; alle schwiegen still:

»Zuerst sehn wir nach, ob er nicht zuhaus ist.«

Diesmal kam alles in Gang; ein Trupp ging die Gasse entlang, ein anderer hinter den Häusern hindurch: welch ein Aufruhr war das! Nicht nur die Männer im richtigen, kräftigen Alter waren dabei: auch die Greise und die Kranken, auch die Frauen und die Kinder, alles lief aus den Häusern, schrie aus den Fenstern, rief von den Vorplätzen herab. Da waren auch Mädchen, die lachten, weil sie in dem Alter waren, wo man alles lustig findet; unter ihren gerafften Rökken, an ihren dicken Waden sah man Wollstrümpfe von allen Farben hervorkommen.

Communier klopfte an Branchus Tür; er sagte: »Ist jemand da?« Er packte sein Gewehr am Lauf und begann mit dem Kolben gegen die Tür zu schlagen.

Und jetzt hieben sie zu zweit oder zu dritt auf die Tür ein, und das ging schnell, die Tür gab schon nach. Sie stürzten sich alle ins Haus. Da war kein Branchu, aber das machte nichts. »Gehn wir trotzdem dahinter!« Sie gingen dahinter. Die Scheiben zersprangen. Das schöne Schild mit den beiden Bildern sah man noch baumeln, dann fiel es aufs Pflaster und ging entzwei. Andere machten sich von unten her, mit einer Stange, ans Dach: die schweren Schieferplatten, die es bedeckten, polterten herab, die nackten Sparren kamen hervor.

Vom Fenster eines Nachbarhauses schrie ein kleiner alter Mann herüber: »Ihr Verrückten, was tut ihr?« Es war der Hausbesitzer, niemand hörte auf ihn.

Er konnte schreien, soviel er wollte: nie war eine Arbeit so schnell getan worden, nie hatte man so tüchtige Arbeiter gesehen. Sie gaben keine Ruhe, bevor sie ihr Werk zuendegeführt hatten, so atemlos und so schweißbedeckt sie waren; sogar den Schutthaufen mußten sie noch bearbeiten, und sie tobten sich aus darauf, sie stampften und stampften darauf herum.

Denn wir sind glücklich, wenn wir unsere Kraft spüren. Man hat uns verhöhnt: zeigen wir auch einmal, wer wir sind. Und sie kehrten zu den Trümmern zurück, wie um sie noch mehr zu zertrümmern, sie verstreuten die Abfälle mit Fußtritten rings um sich her.

Danach sank die Stimmung, denn sie wußten nicht mehr,

was sie tun sollten; und dann kam die Müdigkeit.

Man beschloß, den Wald über dem Dorf abzusuchen; man nahm an, daß der Mann sich dahin geflüchtet habe; aber sie waren nicht mehr so viele, und sie hatten nicht mehr den nötigen Schwung.

Sie gingen den Hang hinauf, der hinter dem Dorf ansteigt, sie suchten nach Fußspuren. Sie stellten keine fest, dabei hätte man sie von weitem sehen müssen auf dieser glatten und weißen Fläche. Und auf den Wegen gab es zwar Spuren, aber zu viele, und sie waren zu sehr verwischt, als daß man sich hätte zurechtfinden können. Sie gingen also aufs Geratewohl weiter, die einen auf dem einen Weg, die andern auf dem anderen, und sie kamen fast gleichzeitig zu dem Wald. Hier verloren sich die Wege. Sie konnten lang gegen die Büsche schlagen, sie entdeckten nirgend etwas, das auch nur hätte andeuten können, hier sei jemand durchgekommen. Von Zeit zu Zeit flog ein großer Vogel mit grauem Gefieder schwerfällig auf und stieß verängstigt an die Decke aus dicht verflochtenen Ästen; sie jagten auch einen Hasen auf, und sie konnten auch den nicht fangen. Sonst nichts, aber gar nichts, und um sie her häuften sich, je höher sie stiegen, in eckigen Massen, die sich vor ihnen auftürmten, wie um ihnen den Weg zu versperren, all diese weißen Gebilde, ehemals Baumstümpfe, Sträucher, Felsblöcke. Der Nachmittag rückte vor, bald verließ sie der Mut. Und als sie durch das erste Gehölz hindurch waren, hinter dem eine Art flacher Stufe kommt, und sie sich wieder gesammelt, sich auch gezählt hatten, wurde klar, daß sie niemals die Kraft haben würden, den zweiten Wald noch in Angriff zu nehmen, der weiter hinten emporstieg, steiler und wilder noch, unmittelbar am Fels.

Sie traten eine Weile an Ort; einer sagte: »Wenn wir vor der Nacht daheim sein wollen, müssen wir jetzt umkehren.«

IV

Heißer Kaffee wartete auf sie, man hatte große Feuer angezündet in den Küchen; sie setzten sich vor das Feuer; Dampf stieg aus ihren Kleidern auf, als sie trockneten.

Sie sagten:

»Wir haben getan, was wir konnten.«

Man sagte:

»Ganz sicher, das ist verhext.«

Und man sagte es sich ins Ohr, denn es gibt Dinge, von denen man nicht laut zu reden wagt.

Aber es gab auch Dinge, von denen man laut zu reden wagte; so ging das Gerücht um, Lhôte sei nicht mehr gesehen worden, seit Branchu verschwunden war.

Das erwies sich als richtig: Lhôte war den ganzen Tag nicht nachhause gekommen, und als es Abend wurde, spannte das Warten seine Mutter, die alte Marguerite, auf die Folter. Ohnehin hatte all das, was geschehen war, sie in große Verwirrung gestürzt, denn sie war ja von diesem Mann geheilt worden, und sie war auf der Schwelle des Todes gestanden, als dieser Mann gekommen war und sie nur bei der Hand hatte nehmen müssen, um sie ins Leben zurückzubringen: da steht man trotz allem in Schuld; gäbe man alles her, was man hat, man könnte sie nicht bezahlen: und jetzt sagen sie, er sei ein schlechter Mensch; jetzt haben sie ihm alles zusammengeschlagen und sind ihm nachgesetzt.

Sie war allein, sie horchte: es tönte immer noch herüber vom Dorf, obwohl es schon spät war, doch an diesem Abend wollte anscheinend niemand zu Bett gehen; es war wie ein zweiter Weihnachtsabend, eine falsche Weihnacht. Zwölf Uhr schlug es, sie wartete immer noch, immer noch war ein Kommen und Gehen vor ihrer Tür; man hörte, wie in den

Nachbarhäusern geredet wurde; so oft sie Schritte oder eine Stimme hörte, hob sie mühsam den Kopf (sie saß vor dem Feuer, in ihrem flachen schwarzen, alten Mieder, in ihrem dicken Rock mit den vielen Falten) und fragte sich: »Ist er's?«

Lhôte kam immer noch nicht. Und so versank nach und nach alles in Schweigen, denn es hatte ein Uhr geschlagen, und es würde bald zwei Uhr schlagen.

Sie war in ihre Kammer gegangen, sie fing an, sich auszuziehen. Da kam es ihr vor, wie wenn eine Hand nach dem Schlüsselloch suchte. Sie horchte; und wirklich, da versuchte offenbar jemand, mit einem Schlüssel die Haustür zu öffnen, und es war ein sehr altes, schwieriges Schloß mit einem geheimen Drücker. Schließlich kam doch das Knacken, auf das sie wartete. Und nun zögerte sie nicht mehr; halb angezogen lief sie in die Küche. Grad als sie dort war, ging die Tür langsam auf (und ohne zu knarren); sie sah ihren Sohn hereinkommen. Er hob die Hand, er gab ihr ein Zeichen, damit sie schwieg.

Lhôte schloß die Tür mit der selben Vorsicht, wie er sie aufgemacht hatte, kam auf sie zu und sagte sehr leise, sehr schnell, noch bevor sie den Mund öffnen konnte:

»Mutter, mach mir Brot, Käse, getrocknetes Fleisch und eine Flasche Wein bereit. Und Decken, Mutter, die wärmsten, die von meinem Bett...«

Sie achtete nur auf die letzten Worte, sie sagte:

»Und du?...«

Er gab keine Antwort, er fing wieder an:

»Bitte beeil dich, es ist schon spät, und es wird bald Morgen...«

Und als sie sich immer noch nicht von der Stelle rührte, ging er selber zur Lade und nahm die Vorräte, die darin auf Tellern versorgt waren...

»André!«

Er wandte sich um.

»André, du bist mein Sohn, sag mir alles ...«

Er fragte sie:

»Was soll ich sagen?«

Sie sagte:

»Für wen du ...«

Er gab zur Antwort:

»Ja, wirklich, Mutter? hast du noch nicht begriffen?«

Er hatte sich wieder aufgerichtet; sie sah seine schönen großen und schwarzen Augen im Licht der Kerze glänzen. Sie sah, es war ihr Sohn, und er war groß und schön. Sie sah, daß seine Kleider durchnäßt waren; Tropfen von geschmolzenem Schnee hingen an seinem Bart.

Sie lief zu ihm hin, sie faßte ihn um den Hals:

»André, vergiß doch nicht, wir haben immer zusammen gelebt; es ist kalt draußen, du wirst krank werden. Bleib bei mir!«

Sie fing wieder an:

»*Er* wird nichts wissen ...«

Sie fuhr fort:

»Und dann sagen sie auch, er sei ein schlechter Mensch.«

Aber er stieß sie heftig zurück, er erhob die Stimme:

»Mutter, vergiß du auch nicht! Als sie dich auf dein Bett gelegt hatten, vergiß das nicht, als sie sagten: »Sie ist verloren.« Das ist nicht so lang her, Mutter; ich hab's nicht vergessen ...«

Sie hatte die Arme fallen lassen, sie sagte nichts mehr.

Und wieder: »Schnell!« Sie hielt sich kaum auf den Beinen. Er holte einen Korb: er tat alles hinein, was es an Vorräten brauchte, das Brot, das Fleisch, den Käse, er legte die Decken darüber zusammen; und sie machte sich unterdessen nutzlos zu schaffen: ihre Hände gehorchten nicht schnell genug, sie war ihm nur im Weg.

Er war trotzdem fertig geworden. Er wandte sich zur Tür. Und beim Hinausgehen:

»Ich komme morgen nacht wieder: sieh zu, daß ich dann nicht warten muß.«

Er war schon weit weg, als sie merkte, daß er ihr keinen Kuß gegeben hatte.

Er kam wieder, wie angekündigt. So gingen drei Nächte vorbei. In der vierten Nacht fror es ärger als je, und ein schwerer Husten knarrte ihm in der Brust. Sie hielt es nicht mehr aus, sie sagte zu sich: »Das ist wegen diesem Menschen; vielleicht stirbt er noch wegen diesem Menschen. Und es stimmt, daß mich dieser Mensch geheilt hat, aber wenn es so kommen mußte, wäre es besser gewesen, er hätte mich sterben lassen.« Man teilt sein Herz nicht in zwei Hälften wie einen Apfel; sie sah, daß sie es ganz hergeben mußte. Sie sah auch, wem sie es geben würde. Und so folgte sie in dieser vierten Nacht ihrem Sohn nach und fand heraus, wo er hinging – heimlich folgte sie ihm im Mondschein.

Sie kam zurück, ins Dorf hinunter, sie mußte nur zu Communier gehen. Sie sagte ihm: »Aber nur unter der Bedingung, daß ihr meinem Sohn nichts tut, wenn er bei ihm ist, denn mein Sohn hat nie eine schlimme Absicht gehabt, er ist getäuscht worden von diesem Menschen.«

V

Als es hell wurde, waren sie schon unterwegs; sie hatten sich in zwei Gruppen geteilt, um den Ort einzukreisen, an dem sich Branchu versteckt hielt.

Nach dem, was die alte Marguerite gesagt hatte, war es in

einer dichten Hecke oben an einem Feld, das Les Moilles hieß; und etwas weiter unten beginnt ein felsiger Berghang, der steil gegen das Tal abfällt.

Dicker Nebel. Sie sahen sich kaum von einer Reihe zur andern, und die vordere Reihe schien für die hintere wie der eigenen Schatten, der ihr voranging. Doch es kam ihnen nur darauf an, sich dem Mann unbemerkt zu nähern, und da half ihnen dieser Nebel, so schwer man in ihm auch die Richtung hielt, mehr als die schönste Sonne. Sie bemühten sich, jedes Geräusch zu vermeiden. Zum Glück lag Schnee: man ist darin wie in Baumwolle, in Watte ist man, in Daunen; und bis ins Geröll hinein war es still unter ihnen und rings um sie her, so wie es ist, wenn einer auf Rebhühner jagt (die Rebhühner, die es bei uns gibt, die roten, die man anschleichen muß). Sie hatten ihre Stecken, ihre Mistgabeln, ihre Mistgabelstiele; denen, die Feuerwaffen mitbrachten, hatte Communier gesagt: »Das ist klar, wenn er fortläuft, schießt ihr auf ihn.«

Sie waren inzwischen zu dem Abhang gekommen, sie nahmen ihn von der Seite her. Da und dort war der Schnee abgefallen oder hatte gar nicht gehaftet, so daß sie auf dem vereisten Grund gingen. Sie mußten gut achtgeben, bei dem abschüssigen Gelände. Doch ihre Füße waren berggewohnt, und es war nicht das erstemal, daß sie die winterlichen Halden überquerten: man muß ja zur Waldarbeit gehen, und manche waren auch Jäger. Und als sie unterhalb der Stelle waren, wo nach dem, was die alte Marguerite ihnen gesagt hatte, der Mann sich versteckt hielt, eben bei dem Feld, das Les Moilles hieß – sie konnten es noch nicht sehen, weil der Rand es verdeckte –, da kletterten sie grade hinauf.

In diesem Augenblick fing der Wind an zu wehen. Im Nebel entstanden Löcher. Sie gruben sich ein, sie erweiterten sich. Bald gaben die Wölbungen nach. Was wie ein einziger

Block ausgesehen hatte, erschien jetzt aus dicken, schwankenden Klötzen zusammengesetzt. Die Massen stießen aufeinander; dann stürzte das Ganze ein.

Nichts hätte ihnen schlimmer in die Quere kommen können, das sahen sie; schnell duckten sie sich, und geduckt brachten sie das letzte Stück hinter sich. Und wirklich, da kam auf einmal ein kräftiger Sonnenstrahl, der sie von der Seite traf. Sie reckten die Hälse, sie schauten. Sie waren nicht überrascht, daß die ganze Flur von Les Moilles sich vor ihren Augen ausbreitete, und auch droben auf dem Gehölz lagen nur da und dort Reste des verschwundenen Nebels wie Kissen verstreut. Aber vor allem hefteten sich ihre Blicke auf die Hecke vor ihnen, eine hohe Dornenhecke, die sich quer über das ganze Feld zog. Sie stand an einer Böschung. Die Höhe dieser Böschung bewirkte, daß die Hecke so hoch schien. Der Schnee, der sie bedeckte, hatte die Äste heruntergedrückt, so daß sie dachartig überhingen: Nischen waren entstanden. Und vor einer dieser Nischen war der Schnee durchwühlt.

Sie wußten sofort, was das bedeutete; sie begannen zu laufen, sie fächerten sich zu einem großen Halbkreis auf, während die andere Gruppe am Waldsaum erschien. Aber in der Hecke bewegte sich nichts. Und da war in der Hecke, deren Äste an das Strohgeflecht eines Korbs erinnerten, eine Art Kammer; und darin Branchu, und Branchu schlief.

Die Gelegenheit war zu schön. Sie sagten zueinander: »Wir rechnen nachher mit ihm ab: jetzt müssen wir nur sehen, daß er sich nicht wehren kann.« Sie kamen heran, kamen noch näher; und drei der Tapfersten warfen sich über Branchu, der eine packte ihn am Hals, der andere bei den Armen, der dritte bei den Beinen; man hielt ihnen Stricke hin, es gab ein Gedränge: schon hatte man Branchu aus seinem Schlupf gezogen, und während einer der Männer sich auf ihn kniete, banden die andern ihm Hände und Füße zusammen.

Er hatte übrigens gar nicht Miene gemacht, sich zu wehren oder davonzulaufen: er hatte sich nicht einmal gesträubt; jetzt lag er auf dem Rücken, die Arme an den Gürtel geschnallt, er schaute um sich und lächelte.

Das machte sie, die ihn festhielten, nicht weiter unruhig. Ob er lächelt oder nicht, ob er dieses Gesicht schneidet oder ein anderes, das ist uns gleich; die Hauptsache ist, wir haben ihn gefangen. Eine derbe Munterkeit hatte sie erfaßt; sie drängten sich um den Mann, sie ergingen sich in lauten Späßen über ihn. Sie sagten: »Es muß schön aussehen, wir machen einen Umzug für ihn. Communier, du bist nicht mehr der Führer, laß ihm das Kommando! Und schon stellten sie sich auf dem Weg zu zweien auf. Man ließ einen Platz frei in der Mitte des Zugs, man brachte Branchu dahin, so war er an seinem Platz, denn wir, die vorausgehen, haben ihn anzukündigen, und die andern, die hintennach kommen, geben ihm das Geleite wie einem König.

König des Unheils, jetzt haben wir dich in unsrer Gewalt! Man trug ihn heran, sie brachen in Gelächter aus, man sah dieses Bündel, das man von Hand zu Hand gehen ließ, dann setzten zwei Männer ihn auf die Schultern.

Da war er wie auf einem Thron, dem rechten Platz eines Königs. Der Umzug setzte sich in Bewegung. Sie gingen zu zweien auf dem Weg, der noch nicht gestampft war, aber sie waren so viele, daß sie sich ihn ohne Mühe freimachten; über ihre Köpfe ragten die Stecken und die Gewehrläufe auf; Geschrei und Gelächter erhoben sich über dem Zug; Scherzworte wurden ausgeschickt, gingen von Reihe zu Reihe, wurden zurückgeschickt; und überall um sie her glänzte in langen, gespiegelten Strahlen das Weiß des Schnees auf und troff vom Honig des Sonnenlichts.

Sogar die Sonne feiert mit uns, und unser König ist bei uns! Man trägt ihn, denn die Könige werden immer getragen, die Könige verlassen nie ihren Thron; wir werden ihm eine Krone flechten, wir werden ihm den Kommandostab in die Hand geben. Sie redeten viel, sie redeten weiter und kamen doch schnell voran. Und bald tauchte das Dorf auf, man sah es von der Höhe des letzten Hangs, in seiner Mulde zusammengekauert wie eine kleine Katze, die friert.

Sofort war der Umzug bemerkt worden: sofort liefen die Leute herzu. Eine alte Frau ging ihnen voraus. Trotz der Mühe, die es ihr machte, weil sie steif und gekrümmt war vor Alter und hinkte, hatte sie die anderen überholt und stand nun allein da, mitten auf dem Weg:

»Ist er bei euch?«

Sie rückten immer weiter vor; sie machten soviel Lärm, daß man nicht hörte, was sie sagte. Aber sie hatten die alte Marguerite gleich erkannt, und nach wem sie fragte, das brauchten sie auch nicht lang zu erraten.

»Nein«, riefen sie, »wir haben ihn nicht gesehn.«

Sie waren bloß noch ein paar Schritte von ihr entfernt; sie hob die Arme: »Ja, was hat es dann genützt ...« und sie schüttelte den Kopf, »was hat es dann genützt, daß ich den Mann verraten habe, der mich geheilt hat – wenn mein Sohn doch nicht wiederkommt?«

Dann änderte sich ihr Ton, sie streckte die Hände aus: »Ah! mein Gott! er ist es, sie bringen ihn!« und sie schaute auf ihn; sie sah, wie man ihn trug: »Was hat er euch denn getan?« rief sie noch, dann stürzte sie vorwärts, wie um ihn loszureißen.

Aber man hatte sie schon beiseite geschoben. Man hörte sie schluchzen; ihr Schluchzen ging unter. Die Menge hatte sich schnell vermehrt, Schreie kamen aus ihrer Mitte, sie wurden vom Zug her durch andere Schreie beantwortet und durch das immer gleiche Gelächter: »Wir bringen euch unseren König, ehrt ihn, wie es einem König gebührt!«

Eine Frau trat aus der Menge, die jetzt Spalier bildete; sie spuckte ihm ins Gesicht. Eine andere Frau kam.

Eine dritte Frau kam, und sie spuckte ihm ins Gesicht.

Die Träger ließen ihn ein wenig heruntergleiten, damit er in Reichweite war, und noch andere Frauen kamen und spuckten ihm ins Gesicht.

Sie langten bei den ersten Häusern an, eines von ihnen war Josephs Haus. Joseph kam aus der Tür, er hielt einen Dornenzweig in der Hand; er schlug den Mann ins Gesicht, so stark, daß er blutete.

Sie bogen in die Seitengasse ein, sie kamen am Brunnen vorbei; sie gingen ein wenig bergan, sie gelangten zum Platz, der war voller Leute. Es gab keinen Zug mehr, die Menge hatte ihn überschwemmt; es sah aus wie ein Strom von Köpfen, der zwischen den Dächern nach allen Seiten hin floß. Und wie einen Baumstamm, der aufragt darin und den die Gewalt der Strömung aufrechthält, sah man den Oberkörper des Mannes emporsteigen und sein Gesicht, das besudelt war, seine Augen, die Blut weinten.

Vom Platz her sahen die Leute ihn kommen und schrien:

»Was macht ihr mit ihm?«

Die Antwort war:

»Wir schneiden ihm den Hals ab.«

Die Leute auf dem Platz:

»Und vorher, was macht ihr vorher mit ihm?«

»Wir reißen ihm die Fingernägel und die Zehennägel aus, wir kratzen ihm die Augen aus, wir schneiden ihm die Zunge ab, wir stecken ihm ein glühendes Eisen in die Ohren ...«

»Aber was noch?« fragte jemand.

Eine Stimme sagte:

»Wir nageln ihn auf ein Scheunentor an Händen und Füßen, wie eine Eule.«

»Das ist's, wir nageln ihn an!«

Mädchen standen auf der Bank, die um die Linde lief, und Buben waren bis zu den Kirchenfenstern geklettert; die Mädchen legten ihre Hände um den Kopf, die Buben beugten sich vor, um besser zu sehen. Eine große Kreisbewegung enstand, mitten darin sah man Branchu sich schnell um sich selber drehen. Er sank, er richtete sich wieder auf, sank von neuem, verschwand. In diesem Augenblick teilten zwei Männer die Menge: der eine hielt einen langen, spitzen Stab in der Hand, der andere einen Schmiedehammer. Und man bewegte sich rückwärts (nachdem man sich im Kreis bewegt hatte), um ihnen Platz zu machen; so bildete sich ein Ring um die Stelle, wo Branchu war und unsichtbar blieb.

Der Mann mit dem Stab hob den Stab in die Höhe.

Man schrie:

»Es ist also wahr?«

Man antwortete:

»Jawohl, es ist wahr.«

Schon war der Stab herabgefahren, er fuhr wieder herab.

Man fing wieder an: »Sie schlagen ihn zuerst tot ...«

»Nein! nein!« schrie jemand, »nagelt ihn lebend an!«

Und viele Stimmen:

»Ja, nagelt ihn lebend an!«

»Wie eine Eule!«

»Wie einen bösen Nachtvogel!«

Der Mann, der den Hammer hielt, fing zu lachen an, er machte den Mund weit auf; man hörte sein Lachen nicht. Man versuchte immer noch etwas zu sehen, man sah immer noch nichts, außer daß Branchu geschleift wurde. Da war in der Kirchenmauer diese blaugestrichene Tür. Der Mann mit dem Hammer war auf die Schultern eines Nebenmannes gestiegen. Man sah, wie ein graues Bündel mit Mühe hinaufgestemmt wurde, man hielt es gegen die Tür; dann wurde ein zweiter Mann auf die Schultern eines andern gestellt; der hielt in der Hand ein Messer. Alles schwieg still. Der Mann hob das Messer, er schnitt die Stricke am linken Arm durch, dann die Stricke am rechten Arm; Branchus Kopf hing herunter. Und nun richteten sie ihm die Arme aus, nun ging der Hammer in die Höhe, um die Nägel einzuschlagen...

Aber da kam dieses Lachen; und man wußte nicht mehr, was geschah.

Man konnte gerade noch sehen, daß Branchu den Kopf gehoben hatte (und zugleich war er losgelassen worden, zugleich waren der Mann mit dem Messer und der Mann mit dem Hammer zu Boden gesprungen); und schon war der Platz leer, die Gassen leerten sich auch; überall hörte man die Türen zugehen.

Einzig noch dieses Lachen, das da gekommen war – dann nichts mehr, ein großes Schweigen.

Ein großes Schweigen, und der Platz war leer, und in der Mitte stand Er: er stand auf seinen beiden Beinen in der Sonne; die Stricke, die man ihm um den Leib, um die Beine geschnürt hatte, waren abgefallen; sein Gesicht war frei von jeder Beschmutzung; unter seinen Augen, auf seinen Wangen die frische Haut eines Menschen, der eben aus seinem Bett kommt, die Kleider tadellos in Ordnung, ohne einen Flecken, ohne einen Riß. Und so stand Er auf dem Platz, und Er lachte und schaute sich um.

Darauf begann er in Ruhe seine Pfeife zu stopfen; er stopfte seine Pfeife, er zündete sie an.

Aber einer kam durch die hintere Gasse gelaufen:

»Ich hab alles gesehen und bin gekommen.«

Und er warf sich nieder vor Ihm:

»Sie haben dir ins Gesicht gespien, sie haben dich mit Dornen geschlagen...«

Lhôte redete immer leiser:

»Und sie wollten dich kreuzigen, aber deine Macht hat sich ihnen kundgetan, denn es steht geschrieben: ›Er wird seine Macht kundtun...‹«

Und Er sah ihn an, ohne etwas zu sagen, er blies dann und wann eine blaue Rauchwolke vor sich hin. Und so hatte sie, die auch noch kommen mußte, Zeit zu kommen.

Es war die alte Marguerite, sie hatte Ausschau gehalten nach ihrem Sohn; und sie kam jetzt, sie sagte:

»Mach mit mir, was du willst; ich glaube, was du glaubst, ich liebe, wen du liebst...«

Sie kam; und sie warf sich auf die Knie.

Aber Lhôte hatte sich aufgerichtet:

»Geh! ich kenne dich nicht mehr.«

Sie fiel hin, das Gesicht in den Schnee.

Da ließ sich ein Kichern hören, und danach ein Räuspern, ein leises Husten; man sah, das war Criblet, genannt die Schlange; er war der dritte und letzte.

Er ging nicht gerade; er ging nie gerade.

»Ob du Jesus bist oder der Teufel, das ist mir gleich; aber ich weiß, bei dir ist man besser aufgehoben als überall sonst...«

Er wollte den Arm heben; er konnte nicht, denn er wäre gefallen; er hustete wieder, er wischte den Mund ab:

»Und du hast mir schon einmal zu hundert Franken verholfen; da... hab ich gedacht, du würdest mir auch ein andermal helfen.«

FÜNFTES KAPITEL

I

Er hatte im Gasthaus Quartier genommen; und Simon, seine Frau und seine ganze Familie waren Hals über Kopf ausgezogen, als sie ihn kommen sahen.

Das Gasthaus hatte vier Zimmer außer der Gaststube, eine große Küche und einen gefüllten Keller.

Man konnte Criblet schon verstehen. Das Trinken kostete ihn jetzt nicht viel, das Schlafen war kaum teurer und das Essen ebenso billig. Er verfügte über zwei oder drei Kisten Maccaroni, einen Sack Reis, ein Faß Heringe, eine Menge Würste und Schinken im Rauchfang; er hatte auch im Keller die Runde gemacht, er hatte ein Faß nach dem anderen abgeklopft; dann war er anscheinend beruhigt gewesen.

Sie führten ein fröhliches Leben, sie waren einstweilen nur drei, Er, Lhôte und Criblet; Er wirkte ganz zufrieden, Lhôte sagte nicht viel, Criblet machte sich auf seine Art zu schaffen. Er stieg mit seiner leeren Literflasche hinunter, er stieg mit der vollen Flasche wieder herauf; er machte es sich beim Fenster bequem: zehn, zwölf Gläser machen uns keine Angst. Aber wie man in diese Musikmaschinen nur zehn Rappen hineinstecken muß, so hakte bei ihm mit jedem geleerten Glas etwas ein; und ein Lied fing an, ein Lied von gut und gern fünfundzwanzig Strophen, die er mit wiegendem Kopf sang. Während Stunden rührte er sich nicht (abgesehen von der Bewegung mit dem Kopf und von der des Glashebens, die eine angenehme Bewegung ist); es war ein gutes Leben. Daß Clinche dazukam, verdarb es ein wenig.

Denn Clinche war von den Leuten im Dorf der erste, der kam.

Er sagte: »Meine Frau machte mir das Leben unmöglich. Ich hab ja versucht sie zu bessern; nichts half, sie ist vernagelt. Da hab ich ihr gesagt, ich rücke aus.«

Und er schnupperte erfreut:

»Bei euch ist's doch besser. Wenn die Herren erlauben ...«

Und Er sagte einfach:

»Wir haben Platz.«

Und Clinche zog ein, als vierter. Er brauchte es nicht zu bereuen.

Denn das merkte man schon, daß Er fortan alles tun würde, was ihm gefiele. Wie die Gassen nun aussahen! Sie waren leer und verlassen. Man ging nicht mehr aus dem Haus, ohne sicher zu sein, daß Er nicht um den Weg war: bemerkte man ihn durch Zufall, so verzog man sich schnell wieder in sein Loch. Glücklicherweise verließ er das Gasthaus kaum. So hatte man doch noch Zeit, in den Stall zu schlüpfen oder sich bis zum Brunnen zu stehlen, aber nicht weiter; und auf dem Rückweg rannte man, und die Türen blieben den ganzen Tag zu, denn man sagte sich: »Er könnte zu uns ziehen, so gut wie zu Simon.« Ein seltsames Dasein begann, wie man nie eins gesehen hatte: ein unterirdisches, halbes Dasein. Sogar die Rauchfahnen schienen weniger leicht zu sein als vorher, sie schlichen an der Dachschräge hin, wie wenn sie sich nicht mehr trauten, davonzufliegen. In allem wurde das Leben langsamer, und schon kündigten sich schreckliche Krankheiten an; zuerst befiel eine von ihnen das Vieh.

Bei den Kühen wurden die Euter weich, sodaß einem die Zitzen, wenn man dran zog, in der Hand blieben.

Da sie weiterhin Milch hatten und es nicht mehr möglich war, sie zu melken, litten sie entsetzlich und muhten in einemfort, sie riefen einander von Stall zu Stall.

Aber das Merkwürdigste war, daß nicht alle gleich schwer

betroffen wurden: es gab eine Art umgekehrter Gerechtigkeit: je besser man sich vorher gehalten hatte, desto strenger wurde man anscheinend jetzt bestraft. Die Häuser hingegen, wo die schlimmen Leidenschaften regierten, der Neid, der Geiz, die Faulheit, die Trunkenheit – die wurden verschont; wie in der Bibel, wißt ihr's noch, wo der Engel kommt und die einen Türen sind mit Blut bestrichen, die anderen nicht. Es gab Ställe, in denen alles Vieh eingegangen war, es gab solche, wo auch nicht ein Tier befallen wurde.

Die alte Marguerite hatte nun ihre beiden Geißen verloren: sie hatte nichts mehr zu essen. Sie hatte ihren Sohn aufgesucht: er hatte sie wieder zurückgewiesen, hatte ihr wieder gesagt: »Geht, ich kenne Euch nicht mehr.« Und ebenso hatten die Leute im Dorf sie zurückgewiesesn, als sie sich an sie gewandt hatte; sie sagten ihr: »Warum seid Ihr nicht gleich zu uns gekommen?«

Sie ging nachhause und setzte sich vor ihr Feuer, das am Erlöschen war; sie sah, daß alles aus war für sie. Sie holte einen alten Schal aus dem Schrank, sie zog ihn sich über den Kopf; es schneite.

Sie ging gegen Westen, wo ein Steinbruch ist; die gestampften Wege hörten dort auf. Sie wußte nicht mehr recht, was sie tun sollte. Man sah, sie war unschlüssig, ob sie weitergehen oder umkehren sollte; sie war stehengeblieben, ganz klein, ganz dünn, unter den dicken fallenden Flocken. Endlich faßte sie einen Entschluß. Muß man nicht alles versuchen, und ich habe doch meinen Sohn, vielleicht ist da noch Aussicht? Sie ging also wieder ins Dorf zurück, es begann Abend zu werden. Sie horchte, im Gasthaus wurde gesungen. Sie blickte hinauf zu den Fenstern; sie sah, daß die Läden geschlossen waren. Sie kam zu der Tür, sie rüttelte mit beiden Händen daran: man hatte den Schlüssel umgedreht in dem Schloß. Sie dachte: »Ich rufe ihm.« Sie rief, keine Antwort kam. Sie rief ein zweitesmal, wieder kam keine Antwort. Sie wurde nicht mehr gebraucht. Da ging sie noch weiter ins Dorf hinein, aber die Leute waren schon alle in ihren Häusern. Einige, die noch unterwegs waren, gingen schneller, als sie auf sie zutreten wollte. Man hörte das Knirschen der letzten Riegel, die vorgeschoben wurden. Sie dachte an ihren Herd, wo kein Feuer brannte, an ihren Brotkorb, der leer war; diesmal zögerte sie nicht mehr. Sie machte sich wieder auf den Weg. Sie kam wieder unter dem Steinbruch vorbei. Und dann kam das Tannengehölz. Aber entschlossen ging sie jetzt weiter durch den Schnee. Sie dachte: »Ich gehe, solange ich kann; wenn ich nicht mehr kann, dort wird es halt sein.« Es war ganz dunkel geworden, sie stieß sich an den Baumstämmen. Sie glitt aus, sie fiel beinahe hin, ein- übers anderemal; aber was macht es aus, ob ich hinfalle oder nicht, ob ich gerade gehe oder nicht, ob ich schnell oder langsam gehe? Zu dem Ort, wo ich hin will, führen alle Wege; alle Wege, die dahin führen, sind gut. Eine große Gleichgültigkeit kam über sie; nur eines plagte sie noch: »Warum hat er mich geheilt«, dachte sie, »wenn es so kommen mußte?« Und sie fragte sich wieder und wieder: »Mein Gott, warum hat er mich geheilt?« Und sie ging noch lange.

Aber der Hang wurde steiler und steiler, der Schnee wurde dichter und dichter, die Nacht immer dunkler, die Kälte schärfer; ihre Beine gehorchten allmählich nicht mehr, ihr Kopf war benommen; es kam ihr so vor, als sei sie heraus aus dem Wald, aber sie wußte nicht mehr recht, wo sie war; sie stolperte einmal, stolperte ein zweitesmal: da war gerade rechts von ihr eine Böschung, sie dachte: »Warum nicht hier?« Sie mußte sich nur seitlich an die Böschung sinken lassen; sie spürte etwas Weiches unter sich.

Sie zog die Knie hoch, nahm die Füße und die Hände an sich heran, duckte den Kopf zwischen die Schultern.

Es schneite immer stärker.

II

Krankheiten traten auch bei den Menschen auf: Hautkrankheiten. Die Leute fingen an, sich zu kratzen; sie hörten nicht mehr auf, bis sie bluteten. Dann bildeten sich auf ihren Gesichtern schwarze Geschwüre, die nach und nach Stirn und Wangen, Mund und Kinn überzogen: sie sahen aus, wie wenn sie Masken angelegt hätten zur Fastnachtszeit.

Diese Krankheit befiel vor allem die Erwachsenen: den Kindern dagegen wurden die Glieder verdreht. Selbst die, denen es bisher am besten gegangen war, die am besten ernährt waren (und die noch besonders) bekamen Krämpfe und blieben danach ganz gekrümmt, hatten runde Rücken, zum Halbkreis gebogene Beine, nach außen gekehrte Handflächen.

Sie hörten nicht mehr auf zu schreien, und ihre Schreie vermischten sich mit dem Muhen, das aus den Ställen kam, mit dem Stöhnen der Menschen, mit Blöken, mit Grunzen, und die Leute flohen einander, von Ekel ergriffen und Ekel erregend.

Sie begriffen, daß das Leben nahe daran war, unmöglich zu werden. Sie hatten versucht, in den Nachbardörfern Hilfe zu holen, doch das Gerücht, daß bei ihnen schlimme Krankheiten herrschten, hatte sich im ganzen Land verbreitet; niemand wollte kommen; niemand wollte sie auch nur einlassen.

Sie sahen, es blieb ihnen nur noch eine Hilfe: die Hilfe von oben. Sie hielten eine Versammlung ab, um darüber zu reden.

Sie wagten sich nicht mehr anzusehen. Manche hatten sich Tücher um den Kopf gewickelt; und weil die Krankheit jetzt auf ihre Hände übergriff, zogen sie ihre Rockärmel vor.

Sie beschlossen, wieder zum Pfarrer zu gehen, obwohl ihn seit langem niemand gesehen hatte und er sich offenbar wenig um das, was im Dorf geschah, kümmerte.

Sie warteten, bis es Abend wurde. Diesmal waren sie fünf oder sechs, darunter der große Communier und auch der Älteste in der Gemeinde, ein kleiner Mann, der Jean-Pierre hieß und bekannt war für seine Frömmigkeit.

Sie machten einen Umweg, um nicht am Gasthaus vorbeizukommen. Sie klopften, niemand gab Antwort, sie klopften noch einmal. Da hörte man ein Geräusch, wie wenn Möbel gerückt werden, und drinnen ging eine Tür auf und ging wieder zu; erst dann wurde die Zimmertür aufgetan.

»Nun«, sagte der Pfarrer, »heut seid ihr viele!...«

Und er brach in sein lautes Lachen aus:

»Laßt nur, ich weiß schon, warum ihr kommt, aber ihr kommt zu spät. Die Strafe muß ihren Lauf nehmen; gegen die Strafe ist nichts zu tun...«

Er begann wieder zu lachen; sie traten ein. Es war zu dunkel in dem Raum, als daß man etwas hätte klar erkennen können. Sie fühlten sich aber unbehaglich und schwiegen still, eine lange Weile.

Der große Communier nahm als erster das Wort, er war der Anführer:

»Herr Pfarrer«, sagte er, »wir sind's. Wir kommen nicht zum erstenmal. Aber wir sind jetzt in einer solchen Lage...«

Er sagte:

»Dieser Mann gibt uns nicht mehr frei...«

»Welcher Mann?...« Der Pfarrer kam nicht weiter, er blieb stecken.

Zu seinem Glück kam schon eine dritte Stimme, ein hohes Kinderstimmchen diesmal (nur ein wenig zittrig); das war der alte Jean-Pierre:

»Ah! Herr Pfarrer, das ist eben grade das Unglück, daß keiner weiß, wer er ist; es wäre einfach, wenn man wüßte ... Aber wir haben doch noch Vertrauen. Und darum sind wir ja gekommen, Herr Pfarrer; wenn's Ihnen recht ist, würden wir den lieben Gott bitten; vielleicht würde er uns hören, wenn wir ihn miteinander bitten; wenn man allein ist, hört er es nicht.«

Alle nickten dazu.

Der Pfarrer ging hin und her in dem Zimmer; weil es so finster war, konnte man sein Gesicht nicht sehen; man erkannte nur seine hohe schwarze Gestalt, die sich bald näherte, bald entfernte.

Doch plötzlich hörten sie seine Stimme wieder:

»Bessert euch zuerst, sage ich euch (er redete laut, er schrie jetzt beinahe); das würde dem lieben Gott noch mehr Freude machen, meine ich. Und dann seht doch, das wäre einfach, wenn man ihn lästern und nachher bloß die Fahnen hervornehmen könnte. Laßt sie, wo sie sind, sag ich euch, und geht in euch!«

War es, weil diese Stimme so hart und gleichzeitig irgendwie falsch klang? sie fühlten sich immer unbehaglicher. Vielleicht hatte der Pfarrer trotz allem recht. Aber weil hier die einzige Rettung noch sein konnte (wie sie meinten), beharrten sie auf ihrem Plan, sie versteiften sich, sie wichen nicht mehr von der Stelle; und als der alte Jean-Pierre wieder anfing: »Bitte, Herr Pfarrer, bitte, wir haben nur noch Sie ...«, stimmten alle mit ein, wiederholten sie alle dumpf:

»Bitte, Herr Pfarrer ... Bitte!«

Der Pfarrer hatte sich an seinen Tisch gesetzt; sie glaubten in der Dunkelheit zu sehen, wie er den Kopf in die Hände legte.

Und mit ganz veränderter, leiser und zitternder Stimme: »Ihr habt recht, das ist mein Amt, man muß alles tun ...«

Der Sonntag kam furchtbar langsam heran, so sehr hatten sie noch zu leiden. Die Dauer der Tage scheint sich verdreifacht zu haben, wenn jede Minute uns eine neue Qual bringt. Sie sahen zu, wie die Stunden verstrichen, sie hätten sie vorantreiben wollen wie eine Herde, wenn die Tiere zurückbleiben und eines mit vorgestrecktem Hals aus einem Holzeimer trinkt, ein andres ein Grasbüschel ausrupft, ein drittes ohne Grund stillsteht, und man gibt ihm einen Schlag mit dem Stock. Ach! der Zeit kommen Schläge nicht bei.

Aber dieser Plan einer Prozession hatte ihnen doch wieder Mut gemacht: »Vielleicht«, sagten sie zueinander, »wer weiß?« Und die noch konnten, kamen alle, sodaß die Kirche zu drei Vierteln voll war. Einzeln oder in kleinen Gruppen schlichen sie durch die Gassen, in denen die Nacht noch lag, und stießen mit vorgestreckten Händen ins Dunkel hinein wie in Rußschichten. Zum Glück war über die Dächer hinweg der hohe Kirchturm zu sehen, der sein Kreuz in den Himmel streckte: den Schatten eines Kreuzes vor dem dunkeln Himmel, grad deutlich genug, daß man sich danach richten konnte. Da und dort war hinter einer Tür das rauhe Atmen eines Tiers zu hören, oder das Schreien eines kranken Kindes oder das Röcheln eines Sterbenden: nirgend und zu keiner Stunde des Tages oder der Nacht wird uns gewährt, zu vergessen, was uns geschieht und in welcher Lage wir sind. Sie beeilten sich, so sehr sie nur konnten, und waren bald in der Kirche versammelt, während ein wenig Grau heraufkam, wie Spinnweben, hinter den hohen Fenstern mit den kleinen weißen Scheiben. Zuerst wurde eine Messe gelesen. Die

Orgel tönte, der Gesang, auch das Glöckchen. Die hohen Mauern waren ein sichtbarer Schutz um sie her, und ein anderer kam dazu, der noch wirksamer war, wenn auch nicht für die Augen. Aber das Herz wird gestärkt von ihm, und es findet wieder Gewißheit, und als die letzten Worte des Priesters, die letzten Erwiderungsworte gesprochen waren, als der Augenblick da war hinauszugehen und man auch anfing hinauszugehen, fühlten sie sich ihrer Sache ganz sicher.

Man hatte beschlossen, alle Glocken zu läuten. Etienne, der Sohn des Etienne, des Sohns eines dritten Etienne, war im Kirchturm postiert. Er war nicht allein an dem Tag. Denn außer dem Geläut, das er gewöhnlich versah, sollte die dicke Marie-Madeleine sich beteiligen, die drei Männer brauchte, eben weil sie von großem Leibesumfang und eine schwer zu befriedigende Person war. Da kam zuerst eine zarte und helle Stimme, ein lebhafter Silberton, der an den Himmel geheftet war und sich droben bewegte wie die Lerche, wenn sie emporgeschnellt ist: man sah, wie das Kreuz aus der Kirche kam, von einem Mann im Chorhemd getragen. Das sind die »weißen Männer«, wie man sie nennt; ihnen folgen dann auch die weißen Frauen und Mädchen. Das Kreuz kam ein wenig vorgeneigt heraus, weil die Tür nicht sehr hoch war; schon richtete es sich auf. In diesem Augenblick schien der zarte, zitternde Ton am Himmel zu bersten wie eine Kapsel, wenn der Samen reif ist: tausend andere zarte Töne sprangen heraus; sie rieselten rings umher, verstoben im Luftzug, wurden heran- und hinweggetragen; und nicht nur von oben nach unten, auch seitwärts bewegten sie sich. Das Kreuz bog um die Ecke des Friedhofs. Dahinter kamen wieder die weißen Frauen. Hinter den weißen Frauen trugen vier junge Mädchen, auch sie in Weiß, eine schöne Madonna aus Wachs in seidenem Kleid: noch weiter hinten erschienen die ersten Männer. Und jetzt kam auch die Marie-Madeleine aus dem Kirchturm hervor. Und es war, als flüchteten alle die kleinen Glocken, als zerstreuten sie sich, während über ihnen in gleitendem Flug, mit vereinzelten Flügelschlägen die andere, dicke, an die ruhigen Vögel erinnerte, an die großen Vögel, welche die Höhen unsicher machen.

Sie aber waren inzwischen an den Hang des Kalvarienbergs gelangt. Zwischen karg bewachsenen Wiesen liegen da kleine felsige Absätze. Der Weg geht von einem zum andern, und er führt um sie herum. Grau und grün ist es hier, in der schönen Jahreszeit; an dem Tag war es weiß und schwarz. Das Schwarze war ein kleines Tannengehölz, das rund um die Kuppe führte, ein wenig unterhalb ihrer Spitze, dann kam die Spitze selbst, und dort stand nur das Kreuz, das war der Ort, zu dem sie hin mußten. Und immer die Marie-Madeleine; und immer der feine Staub des Geläuts. Dazu aber hörte man jetzt den Gesang, der noch schüchtern war, doch allmählich sicherer wurde, von denen, die zu dem Kreuz hinaufstiegen. Bitten, Anrufen, Flehen: sind wir nicht dreihundert? Man muß uns doch hören. Das sagten sie sich, während sie weiter stiegen. Man sah nun den Baldachin, unter dem der Pfarrer ging, und ihm folgten die übrigen Weißen (das waren Männer); dann kamen Frauen, die das Buch in den Händen hatten und darin lasen, andere hielten Kinder an der Hand: es kamen auch sehr alte Männer und Frauen, Gebrechliche, Kranke; solche, die fast nicht gehen konnten, und solche mit eingebundenem Kopf und solche, die ihre Hände verbargen. Alle, die hatten kommen können, waren gekommen; wir haben uns nicht mehr zu schämen vor Gott, auch unserer Wunden nicht. Das Ganze zog sich weit hinaus, von Biegung zu Biegung, von Kehre zu Kehre; es stieg immer höher, der Gesang entfernte sich langsam; da und dort war der Schnee glitschig, und das Kreuz, das voranging, schien einen Augenblick lang zu zögern. Doch mit einer plötzlichen Bewegung rückte es weiter, nahm seinen Gang wieder auf. Und alles Übrige folgte ihm, wie gezogen. Die Kraft ist nicht hinter uns, sondern vor uns; man muß die Augen aufheben, nicht sie zurückwenden. Vor uns ist es, und höher als wir; so wird ein Schritt um den andern getan, ein Absatz nach dem andern genommen. Und da fing nun die helle Sonne zu scheinen an.

Da mußten sie sich nur noch tragen lassen, sie gingen mit frohem Mut. Die letzte Wegbiegung lag bald zurück, das kleine Gehölz war rasch durchquert; das Kreuz, das sie grad über sich emporhielten, kam unter das Kreuz, das schon da war, zu stehen, der Baldachin ebenso, und sie alle bildeten einen Kreis darum.

Sie waren jetzt allein vor dem Herrn. Sie waren so weit hinaufgestiegen, daß die höchsten Berggipfel rings am Horizont niedriger schienen als sonst; das Land um sie her war wie abgesunken. Kaum konnte man noch das Dorf dort hinten erkennen, so flach hatten sich seine kleinen, ärmlichen Dächer an den Boden gedrückt. Und vor ihnen, wo sich der Abgrund auftat, blieb nur die Tiefe, voll verschwommener Nacht. Doch desto weiter offen war der unendliche Himmel, der allen Raum füllte, und davor standen sie, und es gab nichts anderes mehr als Gott, der darin ist, und seinen Sohn, und den Heiligen Geist, und die Heiligen, die einmal Menschen gewesen sind und uns darum besser begreifen.

Denn es ist wahr, wir haben gesündigt, aber wer hat nicht gesündigt unter den Menschen? Sie dachten an alles, was sie gelitten hatten, und Mitleid mit ihnen selber ergriff sie. Sie waren niedergekniet; über ihnen waren die beiden Kreuze, die Jungfrau, die Fahnen; der Himmel war über ihnen und unter ihnen. Sie beteten miteinander, durch die Stimme des Priesters und ihre eigene, oder schweigend in ihren Herzen, die Hände an der Brust, den Kopf gesenkt, die Finger verschränkt, die Knie nebeneinander auf dem harten, steinigen Boden; sie beteten lange. Gewiß würden sie erhört werden. Wir mögen dich vergessen haben, Herr, aber du hast uns an dich erinnert. Wir begreifen jetzt, warum uns deine Hand so schwer getroffen hat; wir hatten es verdient. Und wir danken dir, Herr, daß wir so zur Ehrfurcht vor deinem heiligen Namen zurückgeführt worden sind. Die Glocken läuteten immer noch in der Ferne, der Gesang setzte wieder ein; sie standen auf, sie begannen den Weg hinunterzugehen, den sie heraufgezogen waren. Sie erkannten sich selbst nicht wieder. Sie schauten ohne Angst auf das Dorf, das sich aufrichtete, wie wenn es selber niedergekniet wäre. Dort unten ist unser gemeinsamer Feind; er traut sich nicht mehr, uns zu schaden. Und je näher sie dem Dorf kamen, desto neugieriger wandten sich ihre Augen zum Gasthaus; es lag an der anderen Seite des Platzes, über den sie zu gehen hatten. Sie mußten zuerst durch den Friedhof ziehen. Da konnten sie alle die neuen Gräber sehen: sie lagen eins neben dem andern und bildeten unter dem Schnee eine Reihe von kleinen und gleichen Wellen. Ach! sie wußten es ja: so viele Plätze hier belegt waren, so viele waren leer in den Häusern, vor dem Feuer, im Ehebett, am Tisch bei den Mahlzeiten; so viele Paar Arme, wie sehr man sie auch gebraucht hätte: aber was tut es? Man wird jetzt fertig damit. Sie zogen also noch weiter, sie traten aus dem Friedhof und wandten sich wieder zur Kirche.

Und da sie einmal so weit waren, konnten sie einen Freudenschrei kaum zurückhalten, vielmehr, ihr Gesang war ein Freudenschrei; während sie immer weitergingen, und das

Kreuz ging voran, dann kam die Madonna, dann die Fahnen, dann der Baldachin.

Es war, wie sie erwartet hatten. Der Platz lag verlassen, das Gasthaus war geschlossen. Die kleinen Vorhänge an den Fenstern berührten sich hinter den Scheiben; das Kamin rauchte nicht; man hätte meinen können, das Haus sei schon lange nicht mehr bewohnt...

Und doch brauchte Er nur die Tür aufzutun.

Er brauchte nur, wie er es tat, auf die Klinke zu drücken, und dieser Leib, der aus Gold hervorschien unter dem kleinen, runden Glasfenster, stürzte herab aus den Händen, die seiner nicht mehr würdig waren.

Gleich danach ließen sie den Baldachin los, auch das Kreuz und die Fahnen und die Madonna im seidenen Kleid.

Der Himmel wurde ganz schwarz; und die Tauben ließen sich alle vom Kirchturm fallen, miteinander flogen sie talwärts davon.

SECHSTES KAPITEL

I

Und nun kamen Lawinen, und es gab Erdrutsche. Es war zu schnell Frühling geworden, der Frühling war lang vor der Zeit gekommen in diesem Jahr; der Schnee schmolz überall gleichzeitig: so stellte sich noch dieses Unglück einer allgemeinen Verheerung ein. Hochwasser, Bergstürze, überflutete Ufer. Wer auf den Kirchturm gestiegen wäre, hätte sich entsetzt. Statt der grünen Verkleidung, der schönen Gartenbankfarbe, die man zu dieser Jahreszeit überall sah an den Halden, mit der Emailmalerei der Krokusse und der Anemonen, waren da lauter Kiesbahnen; der Boden war aufgerissen und umgegraben (welcher Pflug war hindurchgefahren?). Die Schleusen des Weihers hatten nicht standgehalten; er zeigte seinen Grund, den Boden einer rissigen Schale, wie das Steingut eines alten Tellers. Aber noch merkwürdiger war: sogar das Kätzchen, das mit vorgestreckten Pfoten unter dem Scheunentor durchschlüpft, das Huhn, das seinen Kopf schräg hält und der Kamm hängt ihm übers Auge. Und das helle Licht, das mit den warmen Sonnenstrahlen wiederkehrt im April, wenn sonst die ersten Knospen an den Sträuchern hervorkommen, wie wenn ihnen Krallen wüchsen, das helle Licht machte nur all den Schrecken noch deutlicher. Die Leere. Die Leere, die da herrschte, die Öde. Nicht nur in den Straßen, sondern auch auf den Feldern, die doch sonst so belebt sind in dieser Jahreszeit, in der Zeit, wo gesät wird, wo Zäune geflickt werden, wo die ersten Getreidehalme aus dem Boden kommen und wo man eggt oder walzt, und die kleinen Mädchen machen sich Blumensträuße, und die Liebespaare beginnen spazierenzugehen am Sonntagabend.

Überall regt es sich sonst an den Hängen: man geht und glaubt alleinzusein, da taucht hinter einer Hecke ein Kopf auf: man sieht, daß man weiterkommt, in den Wald hinein, auf einmal taucht ein Mann mit einem Ochsenkarren auf. Und in diesem Jahr niemand mehr, nirgend mehr ein Mensch. Dort in der Ebene unten, nach links und nach rechts hinaus, auch gegenüber am anderen Berghang, war der Mensch noch immer der Mensch; hier aber wuchs, je näher man dem Dorf kam, die Einsamkeit. Die abgeschnittenen Wege, die aufgerissenen Wiesen, die gestürzten Bäume bezeichneten augenfällig die Grenzen, über die man nicht vorzustoßen wagte. Und diese Grenzen waren die der Gemeinde, denn ein Fluch lag auf ihr, und das Gerücht hatte sich verbreitet, das müsse die Pest sein; und umsonst waren noch einmal Boten ausgesandt worden, um Hilfe zu holen; man hatte ihnen gesagt: »Keinen Schritt weiter, oder wir schießen auf euch.« Alle waren sie im Dorf gefangen, nur der Pfarrer nicht, der seit dem Tag der Prozession verschwunden war.

Und es herrschte vollkommene Stille, bis auf die Schreie der Raben und der anderen Raubvögel, die jetzt allein noch zu hören waren, denn die Singvögel hatte man alle gegessen; und bis auf ein seltsam ausbrechendes Gelächter, auf Lieder und Tanzweisen, vor allem in der Nacht.

Denn es ging hoch her im Gasthaus, wo sie jetzt ein Dutzend und mehr waren. Sie hatten zu essen, zu trinken, soviel sie nur wollten, sie hatten Geld und sie hatten Frauen. Wenn ein Faß leer war, brauchte Er es nur zu berühren: das Faß war wieder gefüllt. Man hat einen schönen Schinken aus dem Kamin geholt, nur der Knochen ist übriggeblieben: Er tritt herzu, streckt die Hand aus, und der Schinken ist dicker als vorher. Und Geld – angenommen, man bittet darum, obgleich man kaum etwas damit anfangen kann, denn man hat alles für nichts, aber nun bittet man trotzdem, – Er sagt einem: »Schau in deinen Beutel«, und der ist voll von Goldstücken. Bei uns lebt man gut. Dieser Mann, den man Branchu nannte und den wir jetzt Meister nennen, ist wirklich der Meister. Er zieht alles aus nichts hervor, wie der Herrgott. Er gibt uns, was wir brauchen, und noch mehr als wir brauchen. Und die Frauen, die bei uns sind, um uns zu erfreuen, sind die hübschesten aus dem Dorf.

II

Im Dorf aber kämpfen sie mit dem Tod. Der Mann, die Frau, die Kinder lagen im selben Bett. Wozu aufstehen? Das würde die wenigen Kräfte aufzehren, die uns noch bleiben; man muß sie sparen, so lang man nur kann; man wird bald nicht mehr wissen, wie man sich nähren soll. Welch ein Jammer, im letzten Jahr waren die Ernten so schön, als man sich freute beim Gedanken an den großen Heuhaufen, den man dann haben würde: das Heu verfault jetzt, das Mehl ist sauer geworden im Backtrog. Die Tiere sind alle schon eingegangen, oder fast alle. »Catherine«, sagte Trochnet, der reichste Bauer in der Gemeinde, «Catherine, wieviel haben wir doch auf der Bank?« »Fünfzigtausend Franken!« »Und dabei verhungern wir, wenn das so weitergeht!« Er sah seine Frau an, die neben ihm unter der Bettdecke lag; sie hob mühsam ihr grau gewordenes Gesicht, und eine Art Lächeln, wie bei Verrückten, ging darüber hin. Fünfzigtausend Franken, was die uns helfen: ebensogut könnte man einen Haufen Kieselsteine besitzen! Der alte Jean-Pierre saß in seiner Küche vor einem winzigen Kehrichtfeuer, seine Frau rief ihm. »Was gibt's?« »Meinst du, das geht noch lang?« »Man weiß nicht ...« Es war eine Weile still. »Jean-Pierre, warum sagst du nichts mehr? ich hab Angst, du, ich bin so verzweifeltt.« Aber der alte Jean-Pierre: »Wozu? Wir müssen Vertrauen haben ...« Er brauchte dieses Wort gern. Seine Frau begann aber zu schluchzen, denn so hoch hinauf reichte ihr Vertrauen gar nicht, und der, an den sie noch am ehesten glaubte – gab es sie denn überhaupt für ihn?

Überall Tränen. Da war die Frau Clinche, die ihr Mann samt ihren fünf Kindern verlassen hatte. Noch nie hatte er sie so sehr geschlagen. Aber als sie gesehen hatte, wie er die Tür aufmachte, und als er noch sagte: »Zum Glück wird man dort, wo ich hingehe, besser behandelt als hier«, da war alles vergessen. Alles, wenn er nur blieb! Jetzt lachte er: »Ah! da haben wir's«, sagte er ihr, »du bist eifersüchtig! umso besser, das wird dich lehren. Nur zu, verhungert ihr ruhig; wo ich hingeh', gibt es Fleisch, soviel man nur will ...« Sie kroch auf den Knien: »Oh! bitte, bitte, nicht dorthin ... wohin du willst, aber nicht dorthin, bitte, Clinche!« Alles umsonst. Und jetzt war sie allein mit ihren fünf Kindern. Eben war der Kleinste, der erst zwei Jahre alt war, erwacht. Sie richtete sich auf in dem Bett, das sie nicht mehr verließ und in das sie alle Kinder gelegt hatte, damit sie wieder warm wurden, denn sie hatte kein Holz mehr: »Nun, Kleiner«, sagte sie, »was gibt's?« und sie drückte ihn gegen ihre Brust, doch der Kleine: »Hab Hunger.« Sie stand auf, sie tastete sich – denn sie hatte kein Öl mehr – zur Küche und machte den Schrank auf. Darin war bloß noch ein halber Sack verdorbenes Mehl, das sie in Wasser auflöste, aber der Kleine vertrug diese Suppe nicht mehr. Sie tat ein wenig in eine Tasse und kam zurück. Der Kleine weigerte sich zu versuchen, er weinte. Und die anderen Kinder im Bett, die aus dem Schlaf geschreckt worden waren, wollten auch Brot haben; da dachte sie: »Was soll ich denn tun? Soll ich mich verkaufen und es machen wie mein

Mann?...« Aber sofort: »Nein, lieber sollen sie sterben! Ich sag ihnen, sie sollen sich zu mir legen, ich halte ihre Hände mit meinen Händen fest, ich blase ihnen meinen Atem ins Gesicht; mein Gott! wenn sie doch nur ganz ruhig hinübergehn könnten, bis ich allein noch da bin und mich hinlege, um zu sterben, mitten unter den Gestorbenen...« So redete sie mit sich selber, und ein paar Häuser weiter war Baptiste, der Jäger, der den Daumen verloren hatte; die Krankheit war ihm in die Schulter hinaufgestiegen, wie man gesehen hat: er verfaulte lebendig. Grüne Flecken erschienen auf seinem Bauch; aber er mußte lachen, denn er dachte: »Gott weiß, ich war doch sicher, an welcher Krankheit ich sterben würde: aber nein, nun ist's eine andere! Pech für die Fäule, wenn der Hunger geschwinder ist: sie hätte sich nur beeilen müssen.« So war's auch im nächsten Haus; und es waren wohl hundert Häuser. Die Leute krochen auf den Händen, viele hielten sich nicht mehr aufrecht; sie öffneten ihre Kiefer wie Tiere; der Speichel lief ihnen über das Kinn. Manche bissen in Bretter hinein; sie hobelten Späne ab und versuchten sie zu essen. Man hatte zuerst die Katzen getötet, dann die Hunde, schließlich die Mäuse; aber es waren bald keinerlei Tiere mehr dagewesen. Es konnte nicht mehr lang gehen; die Krankheiten wüteten mit verdoppelter Heftigkeit, bösartige Geschwüre bei den Erwachsenen, verknotete Glieder bei den Kindern: kein Haus, wo man nicht mindestens einen Leichnam gefunden hätte, denn sie trauten sich nicht mehr, die Toten zu begraben. So liegt unser Vater, den wir liebhatten, in einer Ecke der Küche auf dem bloßen Fußboden; man hat nichts für ihn tun können als ihm ein Kissen unter den Kopf legen, und man wendet sich ab, wenn man an ihm vorbeigeht, um ihn nicht zu sehen. Der kleine Julien war noch nicht zweijährig: man hat ihm aus Kistenbrettern einen Sarg gemacht. Sein Vater hat einen Farbtopf geholt, er hat angefangen, den Sarg blau anzustreichen. Er versuchte vielleicht, sich so selber zu täuschen, aber wenn er nur ein wenig nachdenkt, sieht er schon, daß er seinem Sohn sehr bald folgen wird, wenn das so weitergeht, und für ihn wird es vielleicht nicht einmal aneinandergenagelte Bretter geben, er kann nichts mehr hoffen, als daß er in einer Ecke krepieren wird wie eine Ratte.

Unterdessen war diese Musik immer wieder zu hören, immer wieder kam dieses laute Gelächter daher. Es gibt ja solche, die's lustig haben. Was könnte denn uns daran hindern? Manche warteten, bis es Nacht war, weil trotz allem die Scham ihnen zusetzte, machten dann ihre Tür halb auf und schlüpften aus dem Haus. Sie bewegten sich auf den Platz zu, über dem ein heller Schein spielte. Alle Fenster des Gasthauses waren erleuchtet, man kann das an den Schlitzen in den Fensterläden sehen. Sie drängten sich an eine Hausecke, sie streckten nur den Kopf hervor, sie sandten ihre Blicke aus, dort hinüber, gierig, wie Hände. Sie sahen diese Tische, und Wein darauf; Männer und Frauen, die an diesen Tischen saßen. Jedesmal, wenn die Tür aufging, kam ein warmer Schwall einem entgegen, der den Geruch von Fleisch und allen möglichen guten Dingen dahertrug. Sie klammerten sich an den Stein, sie verschlangen diese Gerüche. Bald hielten sie's nicht mehr aus. Es nahm sie bei den Schultern, es stieß sie vorwärts. Sie kamen, sie hoben die Arme, ja sie rollten unter die Tische.

Dann wurde geschrien: »Wieder einer!« aber sie sahen nichts, hörten nichts; das einzige, was sie noch wahrnahmen, war das Essen, das man ihnen brachte, es kam sofort: sie stürzten sich auf die Nahrung wie ein Hund, der drei Tage lang nichts gegessen hat.

III

Im Gasthaus war ein großes Fest im Gang in jener Nacht. Sie hatten getrunken, nun wollten sie tanzen; die Gaststube wurde zu eng, sie waren so viele. Einer der Burschen, er hieß Labre, hatte seine Maulorgel hervorgezogen, und so eine kleine Tanzweise war darin schon zu finden; aber als die Paare sich zu drehen anfingen, sah man, wie sie sich an den Tischen stießen.

Man wußte nicht mehr, wie spät es war; es mußte jedenfalls schon sehr tief in der Nacht sein. Sie waren wie die Spitzbuben: sie schliefen am Tag, sie lebten in der Nacht. Sie machten die Nacht zum Tag. Der Mond, wenn er aufging, ersetzte ihnen die Sonne; wenn er nicht schien, gab es nur noch das künstliche Licht der Lampen für sie. Unser Vergnügen ist von der Art, daß man es erst ganz genießt, wenn die Dunkelheit um uns zugeht wie Vorhänge, wenn sie die Welt für uns abschafft. Denn zur Welt steht man hier verkehrt, verkehrt ist man losgekauft. Sie sahen, daß alles erlaubt ist, aber von allen erlaubten Dingen mochten sie die am liebsten, die vorher nicht erlaubt waren; da sie also gegessen und getrunken hatten (und das Essen machte ihnen nur Spaß, wenn sie über den Hunger aßen, das Trinken machte ihnen nur Spaß, wenn sie über den Durst tranken), hielten sie Ausschau nach andern Belustigungen.

Einem fiel etwas ein: »Wenn wir in die Kirche gingen?« Gute Idee! sie wunderten sich, daß sie nicht früher darauf gekommen waren: dort würden sie wenigstens Platz haben, und ganz im Stillen fanden sie auch, der Spaß würde dort größer sein als irgendwo sonst.

Sie brauchten bloß über den Platz zu gehen. Man sah in der Dunkelheit nur, daß die Tür weit aufstand; sie drängten hinein, sie stießen einander. Die Mädchen, die dabei gekniffen wurden, quietschten. Einer sagte: »Was machen wir aber, damit man etwas sieht?« »Zum Teufel, wir müssen doch nur die Kerzen anzünden!« Einer der Burschen stieg auf den Altar, denn sie hatten eine Laterne mitgebracht, und diese Laterne beleuchtete nun von oben den Altar. Man sah, wie das Tabernakel am Boden lag; die Monstranz lag am Boden.

Das brachte sie nur noch mehr in Schwung. Der Bursche, der auf den Altar gestiegen war, hatte Streichhölzer aus der Tasche gezogen, er rieb sie an seiner Hose. Ein erstes Flämmchen begann oben an dem goldverzierten wächsernen Schaft zu zittern; bald brannte der ganze Leuchter. Und sie wollten auch die kleine Ewige Lampe anzünden, das Zeichen für den Heiligen Geist, der über uns wacht; sie hing an einer dünnen Kette, die von der Höhe des Gewölbes herabkam; aber sie fing nicht Feuer, was sie auch taten; dabei war noch Öl darin. Da zerschlugen sie die Lampe auf den Fliesen.

»Die Sache läuft!« schrie Criblet.

Er war da, er sah zu, er lehnte an einer Säule.

»Mir ist alles gleich. Der Bursche, der mich auf die Welt gestellt hat (ich weiß ja nicht recht, wer das ist), hat zum einen gesagt: ›Du sollst Gärtner sein‹, zum anderen: ›Du sollst Kaiser sein‹, zu einem dritten: ›Du Bettler‹, und als ich drankam, da wußte er nichts für mich, er hat zu mir gesagt: ›Du sollst Criblet sein: die andern tun etwas, du schaust zu dabei.‹ Damit mir nicht langweilig wird, hat er mir eine Flasche gegeben ...«

Gleich zeigte er diese Flasche, er mußte dafür nur unter sein Wams greifen. Man hörte ein Geräusch, wie wenn ein Brunnenbecken sich entleert. Aber man hatte schon zu tanzen begonnen. Sie hatten die Stühle in einer Seitenkapelle auf einen Haufen geworfen. Alles ging gut, nur Labres Maulorgel tönte nicht laut genug. Das ist so mit diesen kleinen Tascheninstrumenten, sie langen höchstens, um für ein, zwei Paare in einer Küche zum Tanz aufzuspielen (an den Winterabenden, am Sonntagnachmittag, an den Festtagen, wenn Burschen und Mädchen heimlich zusammenkommen); in dem großen Kirchenschiff hörte er sich selber nicht. Man sah, wie Gentizon hinausschlich. Man schrie: »Lauter!« Labre: »Ich blase ja, daß mir die Backen platzen!« Man zuckte die Achseln, es wurde nicht mehr getanzt. In diesem Augenblick erschien Genitzon wieder. Alle klatschten Beifall. Denn er kam nicht allein. »Bravo!«, schrie man, »er hat Vater Creux geholt; gute Idee!« Wirklich führte Gentizon einen kleinen Alten herein, er hielt ihn am Arm fest. »Ich hab ihm gesagt: nimm deine Handorgel, ich bring dich zu Freunden, aber du mußt dir Mühe geben ...« Und alle lachten, weil Vater Creux blind war und nicht wußte, wohin man ihn führte. Er war offenbar ganz zufrieden. Er wackelte lustig mit dem Kopf, seine Oberlippe hob sich, und rosiges Zahnfleisch wie bei kleinen Kindern kam zum Vorschein. Er sagte: »Mußt mir nicht sagen, daß ich mir Müh geben soll, ich bin ja so froh, seht ihr ... Alles wird gut, weil man wieder tanzt.« Und alle umringten ihn jetzt, und er hatte keine Ahnung von der Menge, die da war, er glaubte in einer Scheune oder in einem Haus zu sein, wohin man ihn eben holte (und er bekam fünfzig Rappen). Man sah, wie er seine Handorgel rechts und links packte, wo die Messingtasten sind, und die Mitte bildet ein schöner, grüner Lederbalg: kraa! ein erster Akkord, kraa! ein zweiter Akkord: »Seid ihr bereit?« Mit einem drolligen Lächeln in einem ganz zerknitterten Gesicht, unter einer alten Kappe aus Hasenfell: »Da hab ich aber schon eine Freude, so lange ist mir das nicht mehr passiert!«

Man hatte ihn vor eine Säule gesetzt, einer hatte ihm etwas zu trinken gebracht; er drehte den Kopf zur Seite und senkte ihn bis auf sein Instrument; seine alten mageren Finger liefen so schnell, daß man ihnen mit dem Blick fast nicht nachkam. Gleichzeitig schlug er den Takt mit dem Fuß, er wiegte den Kopf dazu. Er lächelte mehr, er lächelte weniger, je nachdem ob die Stelle schwierig war, aber der schöne gefältelte Lederbalg kam keinen Augenblick zur Ruhe, er wurde länger und kürzer, er bog sich zusammen.

Unterdessen hatten alle sich zu drehen begonnen. Es waren ungefähr gleich viele Frauen wie Männer da; sie drückten einander an sich. Sie wurden rot, sie atmeten mit Mühe. Man weiß nicht, warum man so lacht. Das sind nicht mehr unsere guten, ruhigen alten Tänze, bei denen man höchstens am Schluß oder wenn man in eine dunkle Ecke kommt, seiner Tänzerin einen Kuß raubt – und sie wehrt sich. Sie hielten sich so eng umschlungen, daß es aussah, wie wenn sie nie mehr voneinander loskommen würden. Sie wanden sich, wie im Schmerz. Und der alte Creux spielte immer weiter, er lächelte weiter. Kaum hatte er eine Weise beendet (und grad noch ein Glas auf einen Zug geleert), so fing er wieder an; Polkas waren das, Mazurkas, dann der Walzer, bei dem man sich geschwind dreht und die Beine sich verwickeln wie Äste im Sturm; dann auch diese Tänze, bei denen man paarweise nebeneinandergeht und sich an den Händen hält; die fanden weniger Anklang, man schrie: »Einen andern!« und von Zeit zu Zeit fiel eine Kerze um. Ein Windstoß drang ab und zu in die Kirche, wegen der zerbrochenen Scheiben; man sah dann, wie sich die Kerzenflammen zur Seite legten. Und an der Seite, nach der sie sich senkten, rann eine Träne aus Wachs herab. Aber vor allem laßt uns schreien und lachen! Laßt uns toben, das tut uns gut. »He! Félicie, kommst du? ich warte seit einer Viertelstunde auf dich.« »Ich komme, Louis, aber dreh mich fest.« Ich zieh meinen Kragen aus, mir ist zu heiß. Ich zieh meine Jacke aus. Ich meine Weste. Neues Gelächter; und einige blieben plötzlich stehen, öffneten weit die Arme, brachen in Lachen aus; und man wußte nicht mehr, ob das Lachen war oder Schluchzen.

Aber wir sind eben endlich glücklich; wir waren Sklaven, jetzt sind wir frei; wie der kleine Vogel, der seine Eierschale zerbrochen hat; wir sehen, daß alles erlaubt ist. Warum soll ich dich nicht in meine Arme nehmen vor allen Leuten, Félicie, wo ich mich früher nicht einmal traute, mit dir zu reden, aus Angst, daß jemand uns sehn könnte? Warum soll ich diesen Stuhl nicht an einem Bein nehmen und ihn gegen das Fenster werfen? Lust zur Zerstörung überkam sie, sie gerieten so außer Rand und Band, daß sie erschöpft zu Boden fielen. Einige sanken auf Stühle, faßten sich mit beiden Händen an die Brust und sperrten den Mund auf, wie Sterbende. Doch die Bewegung fing schon wieder an, und es zog sie sofort hinein, sie umarmten sich, rieben sich, preßten sich aneinander, und der Schweiß lief ihnen übers Gesicht, während sie schrien: »Zu trinken, zu trinken!« und man hatte ein Faß gebracht. Sie hatten es durch die Kirche gerollt; sie kippten einen Beichtstuhl um, darauf legten sie das Faß; sie kamen alle, man schlug den hölzernen Spundzapfen ein. Bleibt noch dieses Vergnügen, daß man Durst hat und umfällt vor Müdigkeit, und nun holt man sich kühlen Wein. Sie stießen an, sie bildeten alle einen Kreis um das Faß, das Glas in der Hand. Sie hatten den alten Creux mit dazugenommen; der alte Creux war auch nicht mehr ganz da. Aber er wollte doch wieder zu seiner Handorgel. Er sagte auf einmal: »Seid ihr fertig? Ich spiel euch noch einen, der ist dann der schönste von allen.« Man folgte ihm: man spürte die Müdigkeit nicht mehr. Und da nun, als man zum Altar zurückkam, wo die Kerzen noch brannten – aber sie waren schon viel kleiner geworden –, fing ein Mädchen mit roten Backen, die dicke Lucie, zu lachen an, sie blieb stehen, die Hände auf die Hüften gestemmt, und sagte: »Das ist doch traurig, so wenig Abwechslung!... Mit all den Buben, die da sind, hab ich ja schon getanzt. Sie haben mich schon alle geküßt. Muß man jetzt wieder von vorn anfangen?...« Sie lachte. Sie war ein gutes Mädchen, fröhlich und dienstbereit, nur hing sie zu sehr am Vergnügen. Wohin ihr Körper sie gehen hieß, dahin ging sie, und was dieser Körper sie tun hieß, ohne weiter zu denken, das tat sie. So war sie als eine der ersten ins Gasthaus gekommen. Man kennt das: bestimmte Leute sind an ihrem Platz, andere nicht. Doch weil man umso anspruchsvoller wird, je weiter man geht, und weil die Freuden, wenn man sie auskostet, bald keine Freuden mehr sind, so kam sie noch mitten in der Unterhaltung das Gähnen an. Alles wiederholt sich, was tut man da? Die Burschen traten von neuem auf sie zu, es zog sie zu ihr, aber sie stieß sie zurück: »Nein, nicht du!... du auch nicht!...« Und mit glänzenden Augen, mit rotem Gesicht und zerzaustem Haar hob sie die Arme und bog sie langsam zurück, nahm die Hände vor das Gesicht, und ihre Brust hob sich unter der zerrissenen Bluse. Creux hatte wieder losgelegt, der Kreis hatte sich neu gebildet, einige Paare drehten sich schon. Auf einmal rief einer: »Du, Lucie! wenn du meinst, wir seien nicht gut genug für dich...« Er zeigte auf etwas. Der Vorschlag erschien ganz natürlich. Nicht wahr? für ein so schwieriges Mädchen wäre das grade das Richtige, und dann wäre es auch etwas Neues, den Tänzer hatte man noch nicht gehabt; sie riefen ihr zu: »Willst du?« Sie streckte die Arme aus. Da gab es ein fürchterliches

Gedränge. Es war ein großer Christus, der an der Wand hing. Gelb, stellenweise rot, den Kopf auf die Schulter gelegt, mit hohlem Bauch und vorgewölbten Rippen, öffnete er die Arme auf seinem Kreuz, aber sie brauchten ihn nur herunterzuholen und von dem Kreuz loszumachen. Sie zogen an den Armen, an den Füßen, wo die Nägel eingeschlagen waren; die Füße kamen, die Arme danach. Sie stellten den Christus auf. Und sie kam heran. Sie sagten zu ihr: »Paßt er dir?« Sie nickte. Doch gleichzeitig, wie verschämt, versteckte sie sich hinter dem bloßen Arm: wie in der Liebe, wenn man so sehr möchte, aber man traut sich nicht. Sie riefen zu Creux hinüber: »Ist das dein schönster, den du spielst?« Und Creux antwortete nicht, aber noch nie waren so viele von den hellen kleinen Tönen unter seinen Fingern hervorgesprudelt.

Der Tag war im Kommen, sie sahen nicht, wie er kam. Mit einemmal war es hell. Sie standen still. Sie schauten alle nach der gleichen Seite. Sie schauten auf Lucie, die der Länge nach zu Boden gefallen war, und der Christus war auf sie gefallen.

Vergeblich bemühte sie sich, wieder hochzukommen; wie wenn das Gewicht zu groß wäre, oder wie wenn ihre Beine sie nicht mehr trügen: bei jeder Bewegung, die sie nach vorn versuchte, bewirkte etwas, daß sie wieder zurückfiel: und ihr Mund stand weit offen, man sah alle Zähne, sie hörte nicht auf zu lachen.

Sie mußten kommen und sie befreien, sie konnten sich selbst kaum mehr aufrecht halten, aber sie trugen sie fort. Das Licht verscheuchte sie. Von allen Seiten kam es auf sie herab. Nichts, was zerbrechen kann, war in der Kirche noch ganz: die Bilder mit den Heiligen und mit den Stationen des Kreuzwegs blieben einem an den Füßen hängen; man versank da und dort bis zu den Knien im Schutt. Nur die Mauern hielten noch stand; doch an der Ostwand sah man einen großen Riß. Und überall lagen die Spuren des Fests am Tag: das Faß, dem man zuletzt den Boden ausgeschlagen hatte, war ausgelaufen; man glitt in Weinlachen aus.

Sie hatten Lucie aufgehoben, sie trugen sie auf den Schultern, neben dem Christus, den sie auch wegtrugen. Sie hatten mit den Schultern und den aufgehobenen Händen eine Bahre gebildet, auf der sie lag, mit dem Christus. Wir zeigen, wenn's sein muß, auch dem Himmel, was für Leute wir sind, und daß wir alles tun, was uns Spaß macht. Sie gingen durch die Kirche. Am Ende öffnete der Vorhof seinen Bogen; in diesem Augenblick kamen noch zwei drei Leute vom Dorf, sie sagten: »Gebt uns zuerst etwas zu essen, wir haben Hunger.« Man sagte zu ihnen: »Geht ins Gasthaus.« Und sie traten nun auf den Platz hinaus mit ihrer doppelten Last, mit dieser Herausforderung am hellichten Tag.

Aber nichts rührte sich am Himmel, als sie herauskamen, denn anscheinend war ihnen wirklich alles erlaubt.

Anscheinend konnten sie nun wirklich alles tun, was ihnen paßte; nichts rührte sich oben am Himmel, und nichts auf der Erde, wo alles tot war.

Ein großes Schweigen, nichts als ein großes Schweigen; ein Licht, das einem feinen Aschenregen glich – nichts, als daß Er erschien, und Er sagte zu ihnen: »Nun, läuft's?«

Er sagte zu ihnen: »Ich sehe, es läuft.«

Und er lachte:

»Ihr braucht nur wieder von vorn anzufangen.«

IV

Und sie fingen wieder von vorn an. Und die andern hörten nicht mehr auf zu seufzen.

Sie knieten vor ihren Kruzifixen, die andern; sie beteten von morgens bis abends, wenigstens die, die noch konnten; und obgleich diese Hilfe schon einmal versagt hatte, klammerten sie sich an sie, denn sonst war auf keine zu rechnen. Sie beteten nur, sie wußten nichts weiter zu tun; von morgens bis abends beteten sie. »Vielleicht wirkt es ja mehr«, dachten sie, »wenn jeder für sich tut, was wir zusammen getan haben; das Gebet, das ich allein sage, wird vielleicht eher gehört«; darum hatten sie alle Rosenkränze hervorgenommen und ließen sie durch ihre lang gewordenen Finger gehen.

So betete auch, und inständiger als alle andern, der alte Jean-Pierre, er kniete vor seinem Bett, über dem ein Heiligenbild hing mit einem Buchsbaumzweig in einem Weihwasserkessel aus Zinn.

Vom Morgen an war er dort und war dort bis zum Abend und oft auch die ganze Nacht: er streckte die Hände aus und sprach alle Gebete, die er wußte, und fing wieder von vorn an, wenn er keines mehr wußte. Seine Frau bat ihn um Wasser, er hörte sie nicht einmal. Sie konnte sich nicht mehr rühren, sie war auf der Schwelle des Todes: röchelnd rief sie nach ihm, ihre Fingernägel knirschten auf der Bettdecke. Er hatte für nichts mehr ein Ohr als bloß für die leeren Worte, die von seinen Lippen kamen. Sie starb zwei, drei Tage später: er bemerkte es kaum. Denn er ließ nicht locker, er sagte sich: »Vielleicht muß man nur zwängen.« Die anderen machten es ebenso in den kleinen, finsteren Kammern, in denen die Stickluft brütete; nur Joseph bewegte sich nicht, er dachte: »Was macht es mir denn noch aus?« Und man wußte nicht, wie er es anstellte, daß er noch lebte; doch das wußte man auch bei den anderen nicht. Sie waren von Tag zu Tag noch unglücklicher und noch schlimmer dran, das berichtete auch ein Hausierer, der über die Pässe gekommen war, um im Dorf die Runde zu machen:

»Und zum Glück«, fuhr er fort, »bin ich rechtzeitig umgekehrt. Denn das ist kein Dorf mehr, das ist ein Friedhof, und darüber ein Schwarm von Raben und von anderen Vögeln, die verwestes Fleisch mögen. Paßt nur auf, daß die Seuche nicht auch zu euch kommt.«

Man paßte auf. Doch da kam niemand mehr. Man dachte: »Vielleicht sind sie alle tot.«

Sie waren keineswegs alle tot. Es geschah etwas Schlimmeres, nämlich, sie wurden schwach, immer mehr von ihnen. Anfangs waren sie einzeln zum Gasthaus gekommen: jetzt kamen sie in Gruppen. Wie die Sonne einem Schneehaufen zusetzt und ihn von innen her auflöst, so wirkte die Versuchung auf sie, bewegten und verschoben sich ihre Gedanken in ihnen. Anfangs hatten sie sich gesagt: »Wir müssen unserm Gesetz treu bleiben, auch wenn's uns das Leben kostet!« jetzt sagten sie sich: »Das Leben ist vielleicht mehr wert als das Gesetz.« Man sieht, jetzt gilt es zu wählen. Wir können lang an unsere Seele denken, der Körper schreit zuletzt lauter als sie. Sie dachten wieder an jene Prozession; sie dachten: »Vielleicht hat Gott uns verlassen«; und nun verloren sie den Mut, ihn zu bitten, schon bevor sie zu beten begannen. Aber wenn Gott sie verlassen hatte, war es dann nicht doch besser, einen anderen Beschützer zu haben, als allein und verdammt einem schrecklichen Tod entgegenzugehen? So trug sich jeder mit seinen Gedanken. Der Geizhals fragte sich, was ihm sein Gold helfen würde. Der Faulpelz sagte sich, er würde nie mehr arbeiten müssen. Wer den

Genuß liebte, litt nur noch mehr, weil er ihn so lang entbehrt hatte; der Vielfraß sah Fleischstücke vor sich, der Säufer lechzte nach Wein, wen es eher nach Frauen gelüstete, der begann zu brüllen wie die Kuh, die das Gras riecht. Es kam auch zu Wutausbrüchen, denn manche klagten und lästerten wider den Höchsten; und so erhob sich allerenden ein Aufruhr; und neue Krankheiten waren aufgetreten inzwischen, und eine Art schwarzer Kugeln wuchs ihnen jetzt am Hals, um schließlich zu platzen – es gab immer mehr Tote, immer mehr unbestattete Leichen, immer weniger Mehl in den Trögen.

Da hörte man dann diese Stimmen, das waren die aus dem Gasthaus. Sie kamen die Straße herunter, sie sangen dazu. Sie klopften an die Türen, sie riefen: »He! ihr da drinnen, besinnt ihr euch noch? Das macht euch wohl Spaß, so zu serbeln, wo ihr doch nur mit uns kommen müßtet, um glücklicher zu sein, als ihr jemals im Leben wart! Dabei verlangt man nicht viel von euch: ein verkehrtes Kreuzzeichen. Ihr kommt, der Meister sagt: ›Tut das‹; ihr tut's. Und ihr seid rosig und fett wie wir.«

Und wirklich, sie sahen gut aus. Man schob die Vorhänge ein klein wenig zur Seite, da waren sie, Männer und Frauen, schön angezogen, mit runden Gesichtern, mit dicken Lippen, glänzenden Augen, lebhaftem Blick; sie polterten noch einmal an die Tür und meist blieb sie zu, aber manchmal ging sie auch auf.

»Bravo«, schrien sie, »wieder einer!« und sie führten den Neugekommenen mit sich fort.

So hörte Amélie, wie man ihr rief, denn das waren ihre früheren Tänzer, die kannten ihr Haus.

»He! Amélie, hast du uns vergessen? Warum willst du nichts mehr wissen von uns? Und du, jetzt machen wir, was wir wollen, das ist nicht mehr wie damals. Komm schon, entschließ dich, mach keine Geschichten, sei ein gutes Mädchen ...«

Sie lag auf dem Fußboden, hob den Kopf und horchte, auf den Ellbogen gestützt. Ihr Vater und ihre Mutter waren im Zimmer, aber der Mann hatte das Bewußtsein verloren, er atmete kaum mehr; die Mutter hatte sich auch nicht gerührt. Da hob Amélie ihren Kopf immer höher, während diese Stimme herankam, denn sie erinnerte sich gut, und mit dem, der da rief, hatte sie wirklich oft getanzt, oft war sie sogar mit ihm auf den Wegen im Mondschein spaziert, oft waren sie miteinander von den Alphütten herab nachhause gewandert, vom Tanz an den Sonntagabenden. Sie war ganz aufgewühlt. Sie dachte: »Wenn ich nun ginge, wie er's mir sagt? Er ist ja dort gewesen.« Einen kurzen Augenblick schwankte ihr Herz wie ein Apfel am Ende des Zweigs; dann entschloß sie sich, sie erhob sich auf die Knie. Sie warf einen Blick nach dem Bett hinüber, sie sah, wie der Vater sich nicht bewegte, die Mutter schien eingeschlafen. Draußen rief die Stimme immer noch. Sie nahm ihre Kraft zusammen, sie kam auf die Füße; sie wandte sich nach der Tür. Aber weil man ja doch eine Frau ist, konnte sie im Vorbeigehn nicht anders, sie schaute in den Spiegel. Sie war entsetzt, als sie die Ränder um ihre Augen sah: »Macht nichts«, dachte sie, »er versteht schon«, und flocht nur ihre Zöpfe wieder, denn die Stimme rief immer noch. Und sie schlich quer durch die Küche zur Haustür, aber die Tür war verschlossen, der Schlüssel war zweimal umgedreht. Und während sie sich abmühte, die Tür aufzumachen, mit beiden Händen an dem mächtigen Schlüssel, der eingerostet war in dem Türschloß – während sie noch dastand, kam auf einmal dieser Schrei (nach der Stimme, die draußen rief und die jetzt verstummt war). Der

Schrei kam daher, durchschnitt die Luft und die große, drükkende Stille der Kammern, in denen man stirbt, und an Hunger stirbt – der Schrei: »Geh nicht! Geh nicht!« Er stieg noch einmal auf, und wieder: »Geh nicht! Geh nicht!« dann verstummte er, und man hörte zwei bloße Füße auf den Bretterboden. Sie bemühte sich immer noch aufzutun, der Schlüssel drehte sich immer noch nicht. Und die Mutter hatte so Zeit, bis zu ihr zu kommen.

Sie war im Hemd; sie war so mager, daß ihr die Haut vorn am Hals wie ein Vorhang herabhing.

Sie hatte die Tochter an den Schultern gefaßt:

»Amélie, bitte, du weißt doch, wer dort auf dich wartet. Und denk an die Qualen danach, an das Feuer und an den Schwefel, die ewig dauern …«

Aber mit einem großen, heftigen Schwung ihres Körpers riß sich Amélie von dieser Kette los; dieses Band aus Fleisch und Blut hielt nicht mehr; und nun knarrte der Schlüssel im Schloß. Die Mutter war vor ihr zu Boden gestürzt; schnell schob sie den Riegel zur Seite: sie spürte, daß sie an den Füßen festgehalten wurde. Da drehte sie sich um und schlug zweimal mit der Faust in dieses Gesicht, das ganz verdeckt war vor grauen Haaren; denn jetzt sagte die Stimme draußen: »Es wird aufgemacht, das ist sie … komm schnell, Liebstes; du wirst sehen, wie gut du's hast …«

Die Horde entfernte sich gegen das Gasthaus hin; eine andere zog zur gleichen Zeit durch eine benachbarte Straße: dort rief ein Sohn seiner Mutter oder ein Mann seiner Frau; die Schwestern ihren Schwestern, die Brüder ihren Brüdern; und eine ganze Familie kam jetzt, der Vater, die Mutter und ihre fünf Kinder, aber die lachten nicht wie die andern: sie kamen, sie hielten die Köpfe gesenkt, sie hielten sich an den Händen.

Sie kamen heran; der Vater fing an zu reden, ganz leise.

»Wir haben uns gewehrt, solang wir konnten; sie sind noch zu klein, um zu sterben; macht mit uns, was ihr wollt…«

Sie wurden wie die andern ins Gasthaus geführt; man sagte zu dem Vater: »Du mußt nur das verkehrte Kreuzzeichen machen.« Er tat, wie man ihn hieß. Und seine Frau tat es auch. Dann kamen die Kinder dran, die wußten nicht so recht wie.

Aber welche Freude, als man ihnen zu essen brachte! Sie bekamen eine gute Suppe, Makkaroni, Fleisch und alle möglichen süßen Sachen, an die sie sich nicht trauten: Törtchen aus Schokolade und solche mit Schlagrahm und solche mit Sternen aus kandiertem Obst; sie trauten sich zuerst nicht; man sagte ihnen: »Nur zu!« Sie streckten beide Hände aus, ihre Augen glänzten vor Freude.

Denn es tut gut, diesen Kammern endlich entronnen zu sein, wo die Luft so dick ist, daß sie einem den Mund füllt und nicht hindurchgeht; es tut gut, die Sonne zu spüren. Es tut gut, sich behaglich zurechtzusetzen um einen großen Tisch, unter Leuten, die glücklich aussehen. Flasche um Flasche wurde gebracht; und weil eine Maulorgel da war, fehlte auch die Musik nicht.

Criblet saß in einer Ecke neben Clinche; die beiden Männer kamen nicht sehr gut miteinander aus.

»Halt dich still«, sagte Clinche, »du schwatzt zuviel.«

Denn Clinche wurde traurig, wenn er getrunken hatte. Criblet dagegen war immer vergnügt. Er sagte: »Ich bin unabhängig.« Und zu Clinche: »Du dagegen, du hast Frau und Kinder, das drückt dich!«

»Hatte ich…« sagte Clinche, »Jetzt bin ich wie du.«

Aber Criblet zuckte die Achseln, und daher kamen ihre

Streitereien, Clinche wollte sein wie Criblet, aber Criblet behandelte ihn von oben herab.

Clinche schlug mit der Faust auf den Tisch:

»Was bist du denn schon? Was hast du denn je geleistet? Wenn man dich einmal anschaut... Nicht ein Rappen, nicht einmal ein Beruf! Siehst du, mein alter Criblet, du hast keinen Grund, den Stolzen zu spielen.«

Er versuchte zu lachen, aber Criblet sagte ruhig (denn er blieb immer ruhig): »Du urteilst eben von außen.«

Clinche stand auf; es sah so aus, als wollte er sich auf Criblet stürzen.

Aber Er wußte die Ordnung zu wahren: Er brauchte nur eine Bewegung zu machen.

Am Ende sind da nur eben Leute versammelt, weil es Spaß macht, beisammen zu sein, und draußen scheint hell die Sonne.

Der helle Sonnenschein spiegelte sich in den Tellern, leuchtete gelb in die Gläser hinab, wo der Funke des Landweins noch schlummert, solange man nicht daran rührt; man erzählt sein Geschichten.

Mit all den Dingen, deren sie sich einst geschämt hätten, trumpften sie jetzt auf. Die Dinge, deren sie sich gerühmt hätten, verschwiegen sie jetzt.

Ich habe meinen Vater bestohlen, ich habe meine Mutter betrogen. Der hatte Wasser in seine Milch getan, und er sagte es. Der hatte das Gewicht des Korns gefälscht, der Müller streckte das Mehl mit Gips.

Sie dichteten sich Verbrechen an, wenn sie keine begangen hatten; man hätte sie sonst ausgelacht, und sie wollten sich doch hervortun.

Trente-et-Quarante war auch da, und Trente-et-Quarante gab seine Geschichte zum Besten:

»Er war zehn Monate alt, und er hat mich angelächelt. Weil er grade gestillt worden war, hatte er eine rote und eine weiße Backe. Ein Gesicht wie ein Apfel. Ich bin gekommen, er hat mich angelächelt. Ich hab ihn in den Sack gesteckt, in einen Sack aus dicker Leinwand; da hat er geschrien. Ich hab seinen Kopf unter den Arm genommen. Er wollte mit den Beinen strampeln, ich hab sie ihm nur zusammendrücken müssen. Ich hab schon gemerkt, daß es da knackte, aber ich mußte pressieren, und am Laufen hat er mich nicht gehindert. Kluk! hat's gemacht im Wasser; da war der Stein; ich hab sie noch ein Stück sinken gesehn im durchsichtigen Wasser, den Sack und den Kleinen darin, aber da stiegen auch die fünfzig Franken herauf, die er mich kostete jeden Monat. Sagt, hab ich recht? War das gute Arbeit?«

Er leerte sein Glas in einem Zug, und alle taten es ihm nach: man kennt sie ja, die wahre Trunkenheit.

Ich sehe blau, ich sehe grün, ich sehe orange, ich sehe rot; um mich her hangen Stücke von Sonne wie reife Früchte. Ein Tisch stürzte um, samt den Gläsern und Flaschen, die darauf standen; das Geklirr ging unter im Gelächter, das sich erhob. Man sah ihn kaum stürzen, so groß war die Unordnung.

Und draußen vor dem Gasthaus lagen Männer, die schliefen, weil sie zuviel getrunken oder gegessen hatten (oder von andern Freuden ermattet waren): die einen auf der Seite, den Kopf auf dem Arm, andere mit dem Hintern in der Luft, wieder andere mit dem Hut auf den Augen. Da war die dicke Lucie. Sie hatte fast nichts mehr an. Und da war also der Platz vor dem Gasthaus, aber ein paar Schritte weiter die Kirche: die sah ganz anders aus. Zum Fürchten sah sie aus mit ihrem großen, aus den Angeln gezerrten Tor, mit den Rissen im Mauerwerk, mit dem großen Turm, der sich neigte; aber das Dorf war noch schrecklicher mit seinen aufgeschlitzten

Dächern, den umgepflügten Straßen und den Leichen, die rings umherlagen wie Unrat, den man vors Haus wirft.

Eine Horde erschien auf der Straße, die bergab führt; sie schrien: »Wir bringen noch drei...« Man sah, sie brachten noch drei, eine Frau und zwei Männer, die nicht mehr gehen konnten, darum trug man sie.

Und auch sie führte man ein in das Gasthaus, und Er, der dort herrschte, empfing sie, er hieß sie ebenso wie die andern das verkehrte Kreuzzeichen machen. Und weil er sich nicht mehr verbarg, sprach er nun zu ihnen: »Wißt ihr, wer ich bin?« Er lachte. »Es gibt nicht Gut und nicht Böse mehr.«

Er lachte, er sagte: »Ihr müßt auf den Himmel verzichten um der Erde willen«, aber alle, die da waren, hatten auf den Himmel verzichtet um der Erde willen, Er aber lachte.

»Es gibt nicht Gut und nicht Böse mehr«, sprach er wieder, und alle lachten mit ihm, denn der Knecht ahmt den Herrn nach, nur Lhôte nicht, der abseits saß und schon lang nicht mehr redete. Er schien abgerückt von dem, was sich zutrug. Er war bleich. Seine Augen waren größer, sein Bart war länger und schwärzer geworden.

Und Er rief ihn an:

»Was meinst du nun, Lhôte?«

Lhôte hatte den Kopf gehoben.

»Und wer glaubst du, daß ich bin?«

Lhôte antwortete ernst: »Ich glaube, du bist Christus und du tust dich kund, wie du es für gut hältst.«

»Mein armer Lhôte, du irrst dich. Schau.«

Er trat zum Fenster, er mußte bloß die Hand heben: eine schwarze Wolke erschien, ein Donnerschlag war zu hören.

»Du siehst!«

Aber Lhôte schüttelte den Kopf. »Ich sage, daß du dennoch Christus bist; denn die Toten haben dir gehorcht...«

SIEBENTES KAPITEL

I

Es wird erzählt, das sei an einem Tag gewesen, an dem sie ihre Geiß auf die Weide geführt hatte (wenn man sich noch erinnert an sie, an die kleine Marie Lude, die Tochter jenes Lude, der seine Grenzsteine versetzt hatte und dann geflüchtet war). Damals, mitten im Winter, war sie fortgegangen mit ihrer Mutter; die Bosheit der Leute hatte die beiden vertrieben. Mitten im Winter, an einem Tag, an dem es ein wenig schneite. Das Maultier ging unter seinem Packsattel; in der Hecke war ein dicker Vogel mit einem roten Kopf. Und die beiden waren lange gewandert, bis sie zu einem Häuschen kamen, das sie in einer abgelegenen Gemeinde hatten; es war sehr weit vom Dorf, sie erfuhren nichts von dem, was sich dort zutrug.

Jetzt ist der Frühling wieder da. Es wird erzählt, die kleine Marie sei an jenem Tag mit der Geiß auf die Weide gegangen und habe sich unter eine Lärche gesetzt, die aussah, als stehe sie in einer grünen Dampfwolke, denn sie trieb wieder Nadeln. Marie strickte an ihrem Strumpf; es war ein Strumpf aus blauer Wolle, in der das Metall der Stricknadeln aufblitzte, wie wenn die Fische aus dem Wasser springen.

Es wird erzählt, da sei sie gerufen worden. Sie hob den Kopf, schaute um sich, sah jedoch niemanden, sah nur den Sonnenschein auf den Wiesen, sah nur weiter drüben die großen und weißen Berge; doch als sie wieder zu stricken begann, rief die Stimme sie wieder.

Und sie erkannte die Stimme.

Es war ihr Vater. Es war der Lude, dieser arme Lude, der geflüchtet war. Seither ist freilich erzählt worden, er sei nicht sehr weit gekommen, er sei von der Reue geplagt gewesen und vom Kummer um die, die er zuhause gelassen hatte; sei also durch seine Gewissensbisse und durch seine Liebe zurückgeführt worden; sei bis zum Dorf gekommen; und habe sich, da er sie dort nicht fand, auf die Suche gemacht.

Aber Marie konnte lang ringsumher schauen, sie sah immer noch nichts.

Da kam nur die Stimme daher; die Stimme sagte:

»Marie!«

Die Stimme sagte:

»Kommst du, Marie, man braucht dich...«

Die Stimme kam aus der Richtung des Dorfs; in dieser Richtung müßte sie gehen, dachte sie und sah dabei immer noch niemanden; da war bloß der Wiesenhang, wo die Geiß an den jungen Grasbüscheln rupfte und ihren weißen Bart schüttelte, und dann war dort oben am Hang der Himmel, der wie eine blaugestrichene Decke aussah.

Sie fragte sich, ob sie sich nicht getäuscht habe; aber nein, die Stimme kam noch einmal.

Das war die große Kraft in ihr, daß sie nicht zögerte. Ihr Vater rief nach ihr; da mußte sie doch folgen. Gleich hatte sie sich die Reise im Kopf zurechtgelegt, früh am nächsten Morgen wollte sie gehen und der Mutter nichts davon sagen. Sie würde nur die Geiß ein bißchen weiter weg als an den letzten Tagen auf die Weide führen, unter dem Vorwand, daß in der Nähe des Hauses das Gras schon abgerupft sei; sie würde ihr Mittagsbrot mitnehmen, wie sie es manchmal tat; dann würde sie einen Pflock in den Boden stecken und das Tier daran festbinden; sie würde darauf achten, daß der Strick lang genug war, damit es von morgens bis abends zu fressen hatte. »Und vor dem Abend werden wir hier sein«, dachte sie, »und bevor sich die Mutter zu sehr um mich sorgt; es ist ja auch alles sehr bald vergessen, weil ich mit *ihm* zurückkomme.«

Die Stimme rief wieder nach ihr; sie brauchte nur dorthin zu gehen, von wo sie kam. Es ist ein langer Weg. Es ist ein langer Bergpfad, der ansteigt, der abfällt, der wieder ansteigt, und er ist nicht einmal immer gut bezeichnet, aber sie kannte ihn auswendig. Einen ersten Waldstreifen hatte sie durchquert, ein anderer kam noch; dazwischen dehnten sich große Grasflächen, die durchquerte sie auch. Wo der Weg ganz aussetzte, suchte sie ihn weiter vorn mit den Augen und erkannte ihn schließlich an einer kleinen grauen Stelle; wie wenn ein Stück Faden im Tuch geblieben ist. Und sobald sie einmal stehenblieb, ja wenn sie nur tat, als wollte sie stehenbleiben, ließ sich die Stimme sofort wieder hören.

Und so fingen endlich die Zeichen an, sich zu melden. Die Zeichen, immer mehr von ihnen, immer furchtbarer anzusehen: sie bemerkte sie kaum. Auf einmal tauchten ein paar riesige Weißtannen vor ihr auf, die quer über den Weg gestürzt waren: die hielten sie nicht einmal auf, denn sie war ja nicht dick und konnte leicht unten durch schlüpfen. Und jetzt, allmählich, ändert sich das Licht, die ganze Luft ändert sich auch, sie wird leer und tonlos (wegen des Vogelgezwitschers, das es da gab, und wegen der Kirchglocken, wegen des Herdengeläuts, und da ist kein Gezwitscher mehr, keine Kirchglocke, kein Geläut): sie ging trotzdem weiter.

Sie kam so zur Anhöhe über dem letzten Hang, wo das Dorf sichtbar wird in seiner Mulde: dort schlug ihr mit einemmal ein Geruch der Verderbnis entgegen wie aus einem offenen Grab; und nicht nur der Geruch, auch der Anblick des Grabes: das Gerippe des Mauerwerks von den Fundamenten gerissen, das Skelett des Geländes bloßgelegt an den abgesunkenen Böschungen, zwischen den umgewühlten Erdklumpen; und dazu diese Stille, und dann dieses Licht, das grau ist wie die Stirn eines Toten. Allein, das tat nichts, denn sie war ja gerufen worden; und so setzte sie ihren Weg fort.

Und bis dahin war ihr noch kein lebendes Wesen begegnet; sie kam an dem Haus des Müllers vorbei mit den aufgerissenen Mauern, mit dem riesigen, moosbedeckten Rad, das am Boden lag; da, plötzlich:

»Wo gehst du hin?«

Ein Fenster war aufgegangen, ein Kopf kam hervor, es war die Frau des Müllers.

Marie erkannte sie nicht, so sehr war sie verändert. Und die Müllersfrau:

»Geh nicht weiter, oder du bist verloren!«

Aber sie:

»Haben Sie ihn gesehen?«

»Wen?«

»Meinen Vater.«

Und weil man ihn nicht gesehen hatte, setzte sie ihren Weg fort.

Sie war nur noch ein paar Schritte von den ersten Häusern des Dorfs entfernt, auch da gingen Fenster auf:

»Bleib stehn! Geh nicht weiter!... Du weißt ja noch nicht...!«

Doch sie hörte nicht hin, denn jetzt meinte sie, sie habe ihren Vater gesehen, wie er um eine Ecke schaute, als beobachte er sie und traue sich doch nicht hervor; sie dachte: »Sicher find ich ihn zuhause.«

Und weil sie über den Platz gehen mußte, um nachhause zu kommen, schlug sie den Weg zum Platz ein, obwohl man ihr weiter zurief, ein paar von den Einwohnern hatten sich jetzt sogar aus den Häusern gewagt – nur um sie zurückzuhalten? oder weil sie eine Art Licht gesehen hatten, das auf ihr war, und ein Hauch gute Luft schon jetzt aus der Höhe kam?

II

Auf dem Platz begannen sie zu erwachen.

Einer nach dem andern richtete sich mühsam auf, sie stützten sich auf den Ellbogen, gähnten, dann ließen sie sich wieder fallen.

Auf dem Platz schliefen sie, weil es in den Häusern zu warm gewesen wäre; kreuz und quer lagen sie unter der großen alten Linde, die ohne Laub war. Dort, wo der Schlaf sie überfiel, ließen sie sich ganz einfach zu Boden fallen. Dort, wo das Vergnügen von ihnen wich, fand das Vergnügen des folgenden Tags sie wieder.

Auch an jenem Morgen: für sie war es ein Tag wie die anderen Tage. Unter der großen nackten Linde, die aussah wie in schwarzen Stein gehauen – der Stamm, die dicken Äste gemeißelt, die feinen, kleinen Zweige weiter oben geduldig eingeritzt –, war der Morgen gekommen, auch heute; ah! wie die Tage einander glichen, und die Menschen suchten sich wieder, ohne zu wollen, sie mußten ja. Manche lagen auf Stroh wie das Vieh; andere schliefen auf der nackten Erde. Sie waren hundertfünfzig und mehr, Männer, Frauen, Kinder, Alte und Junge – Criblet, Clinche, die dicke Lucie, der Vater, die Mutter und ihre fünf Kinder, Trente-et-Quarante, Labre, Gentizon, alle, die man schon kennt, und auch Lhôte war nicht weit, doch er mischte sich nicht unter sie. Kerzen brannten noch auf den Tischen, wo Weinflaschen standen und viele davon ausgeleert waren. Pfützen glänzten auf dem braungestrichenen Holz; es tropfte von ihnen durch die Ritzen herab. Diese Tropfen tönten in der Stille wie das

Ticken einer Uhr; ab und zu war auch das Knistern einer Kerze zu hören, die am Erlöschen war. Und die Menschen lagen rings herum, kreuz und quer wie die Gefallenen auf dem Schlachtfeld. Doch immer häufiger reckten sich Arme, wurden Knie angezogen, drehten sich Körper zur Seite; man hörte gähnen, seufzen; noch in ihrem Schlaf streckten sie sich aus nach der Lust, einem Zwang gehorchend, wie andere nach der Arbeit.

Wo ist deine Handorgel, Vater Creux? Wir sollten ein wenig Musik haben. Gleich nehmen wir das Gelächter wieder auf, wie man seinen Beruf wieder aufnimmt. Dann, wenn dein altes Gesicht, deine Augen, die nicht mehr sehen, sich seitlich senken, bis sie den Balg berühren, und deine Finger über die Tasten zu traben beginnen. Nur wart noch, bis wir erwacht sind.

Denn sie waren erst halb wach; und so sah zuerst niemand, wie Marie herankam. Sie hätten sie ganz gut sehen können, wenn sie dazu imstande gewesen wären. Sie hätten nicht einmal hinsehen müssen, wenn sie imstande gewesen wären zu hören. Immer noch gingen überall Fenster auf, wurde gerufen: »Geh nicht! Geh nicht!« Das Dorf wurde wieder lebendig. Seit langem lag eine drückende Stille auf ihm, wie eine Steinplatte: die Steinplatte war jetzt gehoben.

Marie mußte aber noch näher herangekommen sein; Gentizon sah sie nun. Gentizon sah sie als erster. Er richtete sich auf dem Ellbogen auf. Labre lag neben ihm. Gentizon stieß Labre mit der Schulter an. Und zuerst erkannten die beiden sie nicht; Gentizon sagte bloß: »Wieder eine!« aber als sie jetzt ganz nahe war, sagte er:

»Nicht möglich! die Marie! die Tochter von Lude, du weißt doch. Wie lang man die nicht gesehen hat. Und ihn hat man auch nicht wiedergesehen ...«

Er fing wieder an:

»Hübsch ist sie!«

So kam die Sache in Gang. Labre und Gentizon hatten sich angesehen, sie hatten einander verstanden. Sie hatten begriffen, daß sie zu zweit waren und daß sie Rivalen sein würden, aber sie brauchten einander. Allein hätten sie ja gar nicht aufstehen können. Sie mußten einander stützen, sie setzten ein Knie auf den Boden, dann faßten sie sich um den Leib. Und darüber mußten sie lachen, aber was sie weiter vorhatten, brachte sie noch mehr zum Lachen, es trug im voraus zu ihrem Vergnügen bei.

Und sie sah die beiden allmählich vor sich auftauchen; sie wunderte sich, denn sie waren sehr groß. Sie bewegten sich hin und her, sie streckten ihr die Arme entgegen; sie schwankten wie Bäume, wenn die Wurzeln sie nicht mehr halten. Sie taten den Mund auf beim Lachen, sie hatten verdorbene Zähne. Sie hatten rote Augen und Säcke darunter. Und wieder streckten sie ihre Arme aus nach Marie, sie sagten: »Mach schnell! Wie lang wir auf dich gewartet haben!...«

Da zögerte sie vielleicht doch einen Augenblick. Man sah, wie sie stehen blieb. Und die anderen waren jetzt auch erwacht, sie setzten sich auf, drehten sich ihr zu. Da waren all diese Leute, sie war allein; sie blieb aber doch nicht lang stehen.

Man sah, wie sie wieder weiterging. Labre und Gentizon schrien Bravo. Außer ihnen beiden war noch niemand aufgestanden, so hatten sie Vorsprung. Sie schlug die Richtung nach der Gasse ein, sie nahmen die gleiche Richtung wie sie. Sie ging nach der anderen Seite; sie gingen auch nach der anderen Seite. Sie machten größere Schritte, als sie eigentlich wollten, sie verfehlten sie mehrere Male bei ihrer Verfolgung. Inzwischen standen alle anderen auf, und alle diese anderen kamen nun auch heran, sie sagten: »Laßt uns auch etwas!« Labre und Gentizon begriffen, daß sie keine Zeit mehr verlieren durften. Gentizon entschloß sich. Gentizon nahm einen Anlauf. Gentizon rollte zu Boden.

Er mußte schlecht gezielt haben: kein Wunder, dachte man, in seinem Zustand; Labre war dicht hinter ihm, man dachte: »Jetzt kriegt er sie.« Und er schien seine Bewegung besser zu berechnen: da wurde man nicht klug aus dem, was geschah; doch in dem Augenblick, da er sie einholte, war es, als stieße Labre gegen eine Mauer. Labre fiel hintenüber.

Die andern waren verstummt; alles war still auf dem Platz. Und weil es so still war, hörte man wieder den Lärm aus dem Dorf.

Ist es immer noch die Angst, oder bloß das Mitleid, oder ist man neugierig? aber von Haus zu Haus, von Dach zu Dach, von Tür zu Tür, in der Luft und am Boden zugleich, wie mit Flügeln und Füßen machte die gute Nachricht die Runde, die Menschen begannen wieder zu leben.

Ist es wahr? Ist es möglich? Sie stecken nicht mehr nur den Kopf durch einen Spalt, sie schlüpfen heraus mit dem ganzen Körper.

Und inzwischen wurden die auf dem Platz langsam ungeduldig, besonders die Frauen: »Holt den Meister!« riefen sie ... »Die macht sich lustig über uns, geht ihn holen! ...«

Man hörte weiter diese Stimmen; es waren vor allem die Frauen, weil die Eifersucht in sie gefahren war: »Der Meister!« riefen sie wieder, »wo ist er? sie wird schon sehen ...«

Und man hatte gerade noch Zeit genug, um sich zu verwundern, daß er nicht von selber gekommen war, doch man ging ihn jetzt holen; gerade noch Zeit genug, um zum letztenmal das Gasthaus zu sehen, seine weiße Mauer, Criblet an einem der Fenster, und Criblet sagte: »Ich schaue zu; mir ist es gleich«; gerade noch Zeit, um an die Tür zu klopfen – und darauf erschien Er.

Er war da. »Du wirst schon sehn! wirst schon sehn!...« schrien die Frauen zu Marie hinüber: Er war da, er kam näher.

Er machte zwei oder drei Schritte, er machte noch einmal zwei oder drei Schritte.

Er wirkte nicht mehr so sicher. Er lächelte ein gezwungenes Lächeln. Er ging wieder weiter, aber er ging nicht so schnell und nicht so gerade, wie man hätte denken können. Und nun fing seine Haut an, schlaff zu werden, seine Haut wurde immer schlaffer auf seinem Gesicht, an seinem Hals, auf seinen Händen; sie hing um ihn, sie löste sich von ihm wie ein Kleid, das gleich herabfallen wird.

Jetzt blieb er ganz stehen; Marie war nicht stehen geblieben.

Und sie brauchte nur das Zeichen zu machen, das wahre Zeichen...

III

Sie haben später erzählt, ein helles rotes Licht habe den Himmel erfüllt; die Erde begann zu beben, die Häuser neigten sich so, daß man dachte, sie würden einstürzen.

»Und dann«, sagten sie, »war es aus... Man hat gehorcht, nichts mehr; man hat aus dem Fenster geschaut.«

Und was sie sahen aus ihren Fenstern, als sie hinausschauten, das konnten sie zuerst gar nicht glauben; aber doch! Sie mußten ja: sie sahen, daß die Sonne wieder strahlte, und darunter sah man ein Dorf, das wie neu gemacht war.

Ein Sonnenschein, wie man ihn lang nicht mehr gehabt

hatte, und darunter geflickte Dächer, geflickte und neu getünchte Mauern, und das ganze Dorf von vorher, aber irgendwie noch schöner als vorher, wie an einem Sonntag, wenn man sich schön gemacht hat, weil es Sonntag ist: da begriffen sie, sie begriffen recht spät, aber zu spät ist es nie.

»Das ist sie!« Sie machten sich überall auf die Beine, um sie zu sehen.

Sie machten sich auf, um sie zu sehen, sie standen auf von den Toten, sie kamen durch alle Straßen.

Manche konnten nicht gehen; man trug sie. Einige hatten sich aus Brettern Krücken gemacht, andere krochen auf den Knien. Wie auch immer, sie kamen. Und schon begannen die Krankheiten, die sie befallen hatten, sich zu verflüchtigen; wie ihre Häuser waren sie selbst wiederhergestellt; die Gebückten waren wieder gerade, die Gekrümmten waren nicht mehr gekrümmt; die Zeichen, die auf ihren Gesichtern standen, Flechten, schwarze Geschwüre, offene Wunden, alles verschwand; sie zeigten dem Tag fleckenlose Gesichter, sie tranken das Licht mit gereinigten Augen.

Sie wunderten sich aber, daß sie niemanden auf dem Platz fanden (nicht einmal die Leichen von denen, die sie dort zu finden erwarteten); ein vollkommen leerer, vollkommen sauberer und ordentlicher Platz; gewiß hatte die Erde sich aufgetan und alles verschlungen. Das also war die erste Überraschung (daß der Platz leer war), aber die zweite war noch größer, daß nämlich auch die, die sie suchten, nicht da war.

Denn auf sie hatten alle sich zubewegt, aber sie suchten sie umsonst, fragten einander umsonst; »Und sie?« niemand hatte Marie gesehen. Und eine große Unruhe überkam sie, als wären sie von neuem ohne Schutz.

Zum Glück rief in diesem Augenblick jemand: »Da ist sie!« und sogleich war alles vergessen. Alle drängten sich nach der

Seite, wo sie sich gezeigt hatte, am Ende einer Gasse, die zu ihrem Haus führte.

Sie kam, die Menschen drängten sich, umringten sie und hätten mit ihr reden wollen und konnten nicht; also wenigstens da sein, nicht wahr? und sie wenigstens sehen, berühren.

Aber was war nun wieder? Jetzt schien sie selber unruhig; sie schob die Leute zur Seite, sie sagte: »Laßt mich! Laßt mich!...«

Sie ging weiter, schob sie zur Seite; dann, wie um ein letztes Mittel zu versuchen, dem sie nicht so recht traute: »Und ihr, habt ihr ihn nicht gesehn, meinen Vater? seid ihr ihm denn nicht begegnet? Ich hab ihn zuhause gesucht.« Sie blieb stehen. »Er war nicht da.«

Sie waren auf die Knie gefallen, Frauen küßten den Saum ihres Rocks.

Denn er, ach! er traute sich immer noch nicht, er verbarg sich noch immer. Auch jetzt noch, da alles wiederauflebte, da allen verziehen war und diese Verzeihung deutlich geschrieben stand überall in der Luft, hatte er sich noch nicht hervorgetraut, er dachte: »Auch wenn sie es alle verdient haben, ich verdiene es nicht.«

Zuerst mußte man ihn entdecken, dann mußte man ihn herbeiführen.

Er ließ sich hinfallen, das Gesicht zur Erde.

Und Marie:

»Bist du's? Vater, Vater! Bist du es wirklich?...«

Er gab keine Antwort, man hörte ihn schluchzen, er verbarg den Kopf in den Händen. Sie mußte ihn an sich ziehen.

Aber die dicke Marie-Madeleine tönte in diesem Augenblick aus dem Kirchturm, ohne daß jemand hinaufgestiegen wäre; von selber klang sie auf, und alle die kleinen Glocken nach ihr.

Seit so langer Zeit keine Glocken mehr, und jetzt läuteten sie ganz allein, die dicke voran und die kleinen nach ihr, zu den Höhen empor.

Sie hatte ihn aufgehoben, und sowie er nun stand: »Komm jetzt, Vater, sie wartet sicher auf uns«; er sagte Ja, er traute sich. Aber die Glocken waren schon unterwegs, wie um sie zu führen.

Und so waren da die Glocken, dann waren da Marie und ihr Vater, da war schließlich das ganze Dorf, das mit ihnen kam.

Das ganze Dorf kam, in einer Prozession, die anders war als die frühere, wegen der Ruhe und wegen der Freude, die sie jetzt umgab trotz ihren Schmerzen und ihrer Trauer. Sie waren nicht sehr viele diesmal, längst nicht so viele wie damals, aber ihre Leiden waren vergessen. Als wären sie wirklich gestorben gewesen, als wären sie auferstanden. Der Ammann voran, gleich hinter ihm Communier, der alte Jean-Pierre mit seinen Gebeten. Sie sahen die Wiesen wieder grün werden und die Felsen leuchten wie Fahnen. Manche streckten die Arme aus, sie bildeten Kreuze mit den Armen, die sie ausstreckten. Alle getröstet, die da gingen, nur Joseph Amphion nicht, denn der hatte, als er die Augen hob, die Verlorene droben am Himmel zu sehen geglaubt.

Das war, als sie zum Wald kamen: er war vor ihnen, er machte sein Tor auf, das mit schönen, hellen Farben bemalt war; und Joseph hob die Augen, er sah über den Bäumen *sie*, die jetzt in der Bläue des Himmels war wie selbst ein Stück Bläue.

IV

Sie waren so in ihre Freude versunken und so verschlossen für alles andere, daß sie ihn nicht einmal sahen, als sie an der Kirche vorbeizogen; den armen Lhôte, der allein verschont geblieben war, weil er als einziger reine Gedanken hatte; er war aber hingesunken in einen Winkel, hatte den Kopf im Arm versteckt.

Erst im folgenden Herbst entdeckte Bonvin eines Tages, als er zur Jagd ging, in der Tiefe einer Schlucht den Pfarrer; er hatte sich dort an einer Lärche erhängt; er hatte keine Augen, keine Nase, keinen Mund mehr und kein Gesicht, darum weil die Raben gekommen waren, die ihr Handwerk verstehen.